ESG 비즈니스와 환경

옥용식 · 이재혁 · 이승수 지음

자유아카데미

머리말

지속가능한 미래를 위한 기업의 책임과 도전

21세기 들어 환경, 사회, 그리고 지배구조(ESG)는 더 이상 선택이 아닌 필수적인 경영 전략으로 자리 잡았습니다. 특히, 기후변화, 생물다양성 감소, 자원 고갈 등 글로벌 환경 위기는 기업의 생존과 지속 가능성을 위협하며, 동시에 새로운 기회와 혁신의 장을 열고 있습니다. 이제 기업은 단순히 경제적 이익을 추구하는 것을 넘어, 환경적 책임을 준수하고 사회적 가치를 창출해야 합니다. 이러한 변화를 통해 전 세계 투자자를 포함한 다양한 이해관계자들의 요구에 적절히 대응할 수 있습니다.

ESG 경영에서 환경(E) 부문은 기후변화 대응과 탄소중립을 중심으로 급격히 발전하고 있습니다. 온실가스 감축 목표를 설정하고 이를 달성하기 위한 기술 혁신과 자원 순환 전략은 기업의 경쟁력을 결정짓는 핵심 요소로 떠오르고 있습니다. 동시에, 생물다양성 보전과 자연자원의 지속 가능한 활용은 단순한 환경 보호를 넘어 기업의 장기적 성장과도 직결됩니다. 예를 들어, 네이처 포지티브(Nature Positive)와 같은 이니셔티브는 기업이 자연환경 복원에 적극적으로 기여할 것을 요구하며, 이는 단순한 규제 준수를 넘어 긍정적인 환경적 영향을 창출하는 새로운 패러다임을 제시합니다.

ESG 경영은 공급망 관리와 폐기물 자원화 같은 분야에서도 중요한 역할을 하고 있습니다. 글로벌 공급망에서 발생하는 환경적, 사회적 문제를 해결하기 위해 기업들은 투명성과 책임성을 강화하고 있으며, 폐배터리와 플라스틱 재활용 기술에 대한 투자도 활발히 이루어지고 있습니다. 이러한 노력은 순환경제로의 전환을 가속화하며 지속가능한 미래를 향한 발걸음을 견인하고 있습니다.

그러나 이러한 도전 과제는 단순히 기업 내부의 노력만으로 해결될 수 없습니다. 정부와 국제사회, 그리고 지역사회와의 협력이 필요합니다. 한국 기업들 역시 글로벌 표준에 맞춘 ESG 전략을 수립하고 실행함으로써 국제 경쟁력을 강화하고, 동시에 사회적 책임을 다해야 할 것입니다.

이 책은 ESG 경영의 다양한 측면과 사례를 통해 독자들에게 지속 가능한 경영의 중요성과 방향성을 제시하고자 합니다. 기업이 직면한 도전과 이를 극복하기 위한 혁신적인 접근법들을 살펴보며, 지속 가능한 미래를 위한 새로운 비전을 함께 모색해 보길 바랍니다.

좋은 책으로 나올 수 있게 최선을 다했지만 미흡한 점이 있을 수 있습니다. 이 점은 양해를 바라며, 추후 나올 수 있는 수정사항 등에 대해서는 자유아카데미 홈페이지(www.freeaca.com) 자료실에 제공할 예정이니 참고하길 바랍니다.

본 원고 작성 과정에 기술적인 도움을 준 고려대 김건희 연구원, 그리고 생물다양성 기업 평가 관련 작업을 함께한 고려대 조유라(현 스탠포드대학교 소속), 박준희, 마헤시카 외 석박사 대학원생 등에 감사의 말을 전합니다. 아울러, 평소 깊이 있는 통찰과 따뜻한 지도 편달로 방향을 제시해 주시는 PwC컨설팅 윤영창 파트너님께 감사의 말씀을 전합니다.

2025년 2월 저자 일동

저자 소개

옥용식 교수

고려대학교 환경생태공학부 교수이자 국제ESG협회 회장으로, 리서치닷컴 선정 아시아 1위, 국내 1위 환경과학자다. 기후변화, 생물다양성, ESG(환경·사회·지배구조) 분야에서 다학제적 연구를 수행하며, 2019년 **환경생태 분야 한국인 최초 세계 상위 1% 연구자(HCR)**로 선정되었고, 2022년에는 환경생태·공학·생물학/생화학 3대 분야에서 HCR로 이름을 올렸다. 현재 국제학회 ISTEB 회장을 맡고 있으며, 스탠포드대학교 지속가능대학과 협력하여 전 세계 연구자들과 공동연구를 진행하고 있다.

ESG 경영과 지속가능성 연구를 기업 및 정책과 연결하는 데 주력하고 있으며, 신한금융, 포스코, 삼성전자 등 주요 기업의 ESG 전략 강연 및 자문을 수행했다. 또한, 고려대학교 경영전문대학원에서 '비즈니스와 환경' 강좌를 개설해 ESG 전문가를 양성하고 있으며, 국내 200대 기업의 ESG 평가 기준 및 방법을 확립하는 연구에도 기여하고 있다. 최근에는 국제 공동연구를 통해 바이오차(Biochar) 기반 기후변화 저감기술 및 플라스틱 오염 해결 연구를 주도하고 있다.

이재혁 교수

고려대학교 경영대학 교수이자 고려대학교 ESG연구원 원장으로, 지속가능성 평가(ESG), 기업의 사회적 책임(CSR), 지속가능발전목표(SDG) 등의 연구를 수행하고 있다. 국제ESG협회 회장을 역임하며, 국민연금, 한국기업지배구조원, 사학연금공단 등 다양한 기관에서 ESG 자문 및 평가 활동을 진행하고 있다. 또한, 한국 기업의 지속가능경영 실태 조사 및 K-ESG 개발에 참여하고 있으며, 국내외 대기업 임원을 대상으로 ESG 경영 전략 및 지속가능성 강의를 제공하고 있다.

ESG 경영이 기업 경쟁력과 지속가능성에 미치는 영향을 연구하며, 이를 기반으로 한국 및 글로벌 기업의 ESG 성과 측정 모델을 개발하고 있다. 특히, 국내 주요 기업과 함께 지속가능한 경영 전략을 연구하며, ESG 투자와 리스크 관리의 중요성을 강조하고 있다. 그의 연구는 〈Journal of International Business Studies〉를 비롯한 국내외 학술지에 게재되었으며, ESG 및 지속가능성 관련 다수의 저서를 출간했다.

이승수 컨설턴트

PricewaterhouseCoopers(PwC) Consulting에서 ESG 및 지속가능성 경영 자문을 수행하며, 지속가능 전략, 공급망, 에너지 전환 분야에서 컨설턴트로 활발히 활동하고 있다. 국내 최대 MBA 기반 ESG 연구회 E-Square를 창립해 초대회장을 역임했다. 또한, 환경부 순환경제 국책지원사업 심사위원, 동남권 ESG포럼 자문위원 등으로 활동하며, 폐기물 관리, 순환경제, 생물다양성, 대기업뿐 아니라 중견, 중소기업의 ESG 전략 등, 다방면의 지속가능성 관련 주제로 자문 및 연구를 수행하고 있다.

기업이 지속가능성을 경영 전략에 효과적으로 접목하는 방안을 연구하며, 글로벌 ESG 규제 변화에 대한 대응 전략을 수립하는 프로젝트를 수행하고 있다. 또한, 중견, 중소기업과 대기업의 ESG 리스크 관리 역량 강화를 위한 연구를 진행하며, 실무적 관점에서 ESG 성과 측정과 보고 체계를 개선하는 데 기여하고 있다. 지속가능성 이슈를 학술적·실무적으로 연구하는 전문가로서, 다양한 기업 및 정부 기관과 협력하여 ESG 발전을 위한 정책 및 전략 수립을 지원하고 있다.

차례

1장 ESG 경영: 환경 부문 개요

0. Prologue 2
1. E(환경) 부문: 평가기관 동향 9
2. 환경 부문 핵심 이슈 16
3. 환경 부문 ESG 경영 전망 33

2장 ESG: Sustainability, SDGs & ESG

1. 지속가능성 및 지속가능개발 38
2. 환경사회지배구조(ESG) 45

3장 ESG: 기후리스크

1. 기후위기 48
2. 그린워싱 55
3. 주요 환경 이슈 57
4. Pure System 62

4장 생물다양성과 ESG 경영

1. 생물다양성의 정의 및 필요성 68
2. 토양 환경 이야기 73
3. 한국 정부의 생물다양성 비전 및 추진 전략 75
4. 생물다양성 협약, 법령 및 이니셔티브 78

5장 플라스틱과 순환경제

1. 탄소순환 소개 84
2. 지속가능한 소비 89
3. 플라스틱: 국제기구 최신 동향 91
4. 플라스틱을 위한 전략 94

6장 생물다양성 보전 활동 평가

1. 생물다양성 보전 활동 평가 방법론 102
2. 글로벌 생물다양성 보전 활동 평가 110
3. Nature Positive by 2030 111
4. 국내 기업 현황 분석 112

● 참고문헌 117

CHAPTER

1

ESG 경영: 환경 부문 개요

0. Prologue
1. E(환경) 부문: 평가기관 동향
2. 환경 부문 핵심 이슈
3. 환경 부문 ESG 경영 전망

Preview & Keywords

1. E(환경) 부문: 평가기관 동향
2. 환경 부문 핵심 이슈
   - Net-Zero(넷제로) vs Carbon Neutrality(탄소중립)
   - 기후변화: 온실가스/이산화탄소 vs 기후리스크
   - 에너지: RE100, 탄소중립
   - 폐기물: 순환경제(플라스틱), 공급망(반도체, 배터리), LCA(전과정평가)
   - 생물다양성: 환경(토양), TNFD(자연자본 관련 재무정보 공개 협의체)
3. 환경 부문 ESG 경영 전망: 네이처 포지티브

   + Q&A

0 Prologue

(1) 세계 주요 경영대학의 ESG 연구 동향 및 관련 강의

하버드 경영대학원(Harvard Business School, HBS)의 비즈니스와 환경 이니셔티브(Business and Environment Initiative, BEI)는 오늘날 글로벌 경영환경에서 ESG(Environmental, Social, Governance)가 미치는 영향을 연구하고 평가한다. 매년 중점 연구, 강의 주제를 채택하여 발표하는데, 특히 환경과 밀접히 관련된 것은 다음과 같다.

① Decarbonization & Energy Transition: 재생 및 원자력 에너지, 전력 계통 유연성 및 향후 전력 수요에 대응할 수 있는 기술 시장의 잠재력을 연구하여 탈탄소 및 에너지 전환의 중요성을 강조하고 있다.

② Climate Finance & Accounting: 기업이 ESG 경영의 비즈니스 효과를 정량적으로 환산하고(특히, 환경가치를 금액으로 환산), 투자사를 포함한 주요 이해관계자에게 이를 지속가능경영보고서 등의 다양한 채널을 통해 공시할 수 있는 방법론을 연구한다. 즉, 기업이 단순히 외부로부터 ESG 경영 전환 요구에 수동적으로 대응하는 단계에서 ESG 경영의 실제 효과를 공시할 수 있는 합리적인 방법론을 연구한다.

③ Climate Tech & Entrepreneurship: 전 세계적으로 심화되고 있는 기후변화 현상에 대응하고 직접적으로 영향을 받는 분야를 보호하기 위한 기술 개발, 투자, 그리고 기업가 정신을 연구한다. 특히, 토양 환경에서는 식량 생산과 관련된 농식품의 중요성이 함께 부각되고 있으며 관련 기술인 'Ag-Tech'가 주목받고 있다. 또한, 농식품 자체의 중요성을 넘어 반도체(규소는 자연환경 중 토양에서 유래), 배터리(리튬, 코발트, 망간 등도 토양에서 유래) 등 공급망 측면에서 토양, 즉, 자연자원(Natural Resource)의 역할이 중요해지고 있다. 국가별 각기 다른 환경법으로 인해 해당 국가에서는 문제가 없어도 오염된 토양의 농산물 수출에 어려움을 겪을 수 있다. 식량안보(Food Security), 토양안보(Soil Security)라는 개념이 요즘 들어 자주 등장하는 것도 같은 맥락으로 이해할 수 있다. 중국은 국가 주도하에 국토를 정화하는 작업을 진행 중이다. 이런 상황 속에, 투자자들은 장기적인 관점에서 자연자원을 중요한 포트폴리오로써 관리하고 있으며 네이처 포지티브가 중요하게 다뤄지고 있다.

그림 1.1 HBS Business & Environment 홈페이지 화면
(자료: https://www.hbs.edu/environment/Pages/default.aspx)

예일대학교 경영대학원 비즈니스와 환경 이니셔티브에서도 홈페이지 주요 내용에 토양의 건전성에 대한 주제가 있을 정도로 글로벌 기업은 자연자원의 가치에 대해 인식하고 이를 중요하게 다루어 왔다. 배터리의 원재료나 광물, 반도체에 가장 큰 영향을 주는 것이 자연자원이기 때문에 향후 ESG 부문 환경 이슈에서도 기후변화만큼 자연자원이 중요해질 것으로 예측된다. 또한 자연자원을 기후변화, 탄소중립, 넷제로와 함께 연결시킨 것이 네이처 포지티브이고 이것이 우리 기업이 궁극적으로 달성해야 할 목표이다.

Research, teaching & engagement by topic

At HBS, faculty research, teaching, and engagement on business and the environment is broad and deep.

We grouped this body of work into six topical areas:

1	Decarbonization & Energy Transition
2	Climate Finance & Accounting
3	Climate Tech & Entrepreneurship
4	Adaptation & Resilience
5	Systems Change: Governance, Policy, & Regulation
6	Sustainability Strategy & Leadership

The School's research, teaching, and engagement about mitigation and adapting to climate change-including how to reduce risks it poses and embrace opportunities it offers for innovation-spans many of these topics.

그림 1.2 2023년 HBS BEI 주요 주제
(자료: 2023 BEI Annual Report)

(2) 온실가스 감축: 기준전망치(Business As Usual, BAU) vs 절대치 감축(Absolute Reduction)

BAU란 온실가스를 감축하기 위한 인위적인 조치를 취하지 않을 경우 향후 배출될 것으로 예상되는 온실가스 총량을 추정한 것이다. 가령 2030년 BAU라고 하면 BAU의 기준 연도 대비 인위적인 감축 노력을 하지 않을 경우 2030년에 배출될 온실가스 총량 추정치를 의미하는 것으로, 온실가스 감축 방안 수립의 기준치가 된다. 유엔기후변화협약(United Nations Framework Convention on Climate Change, UNFCCC)은 2015년 12월 프랑스 파리에서 당사국총회를 열고 한국 등 각국이 제출한 온실가스 감축목표 안을 토대로 신기후체제 합의문을 도출하였다. 이에 따라 각국은 부문 · 업종 · 연도별 감축목표를 수립하고 이행해야 한다. 2015년 한국 정부는 2030년까지 CO_2eq(이산화탄소환산량) 대비 37% 감축한 5억 3,587만 톤 CO_2eq으로 확정 발표하였다. 이는 당초 정부가 검토했던 감축 방안보다 크게 높아진 수치였기 때문에 기업 측의 반발을 초래하기도 했다.

한편 BAU는 주요 경제변수 전망 자료를 활용하여 산정하는 일종의 시나리오로, 대외 환경 변화에 따라 변동 가능성이 높다. 이에 따라 EU, 미국 등 주요국을 중심으로 온실가스 감축목표를 BAU가 아닌 고정불변하는 절대치 방식을 기준으로 변경하여 설정하고 있으며, 2020년 한국 정부도 BAU 방식을 폐기하고 절대치 방식을 채택하며 2021년 전 세계 14번째로 '기후위기 대응을 위한 탄소중립·녹색성장기본법(탄소중립기본법)'을 법제화하였다. 이후 한국 정부는 2021년에 2018년 배출량(727.6백만 톤) 대비 40% 이상 감축목표를 담은 국가 온실가스 감축목표(Nationally Determined Contribution, NDC) 상향안을 확정 발표하였다. 한국 정부는 2023년 '실현 가능하면서도 합리적인 2030 온실가스 감축목표' 기조로 배출량 합계는 동일하게 유지하되 부문별 감축목표를 조정한 수정 NDC를 발표했다.

(3) 3M 과불화화합물 오염 스캔들

2021년 기준 3M 벨기에 공장은 전 세계 생산량의 80% 정도의 '쿨런트(Coolant, 반도체 냉각수의 일종)'를 생산했었다. 2021년 벨기에 쿨런트 생산 공장에서 과불화화합물(Per- and polyfluoroalkyl substances, PFAS) 누출 사고가 발생하였으며 이때 쿨런트 공장 반경 2 km 지역에 토양오염이 발생한 것으로 추정되었다. 이 사건으로 3M은 오염 토양을 정화하기 위한 비용으로 1억 5천만 유로를 지불하였고 폐수 처리 시스템 구축 및 대기 오염을 방지하는 추가적인 제어 방안을 마련해야 했다.

이에 따라 2022년 벨기에 쿨런트 공장의 일부 라인이 중단되면서 쿨런트 공급이 감소하여 공급망 문제를 야기한 바 있다. 이후 3M은 유럽연합의 환경규제에 맞춰 향후 쿨런트 생산을 중단하겠다고 공식 선언하면서 국내외 반도체 업계의 대체재 발굴 및 공급망 다변화가 필요해졌다.

국내에서도 과불화화합물로 인한 유사 사건이 발생한 적이 있다. 2019년 대구광역시의 문산정수장에서 과불화화합물이 검출되어 큰 혼란을 초래한 적이 있는데, 이때 시민들은 수돗물을 신뢰하지 못해 생수를 이용하였고 물량 부족으로 인한 어려움을 겪었다. 과불화화합물은 통상 'Forever Chemical'로 불릴 정도로 분해되지 않고 자연 소멸되지 않는 화학물질이며, 인체 내에 유입되는 경우 암을 포함한 각종 질병을 유발하는 것으로 알려져 있다. 한국은 토양과 수질 환경에서 과불화화합물을 법적으로 규제하고 있지 않지만, 환경부에서 지속적으로 모니터링하고 있다. 향후 국내에서도 과불화화합물이 법적 오염물질로 규정되는 경우, 사업장 주변 토양과 수질이 과불화화합물로 오염되어 있다면 이를 정화해야 하는 의무가 발생하게 된다.

과불화화합물(PFAS)

PFAS(Per- and polyfluoroalkyl substances)는 열이나 물, 기름, 부식에 강해 1940년대 이후 일용 소비재에 두루 쓰이고 있다. 자연환경에서 분해되지 않아 '영원한 화학물질(Forever Chemicals)'이라고 불린다. 면역체계 약화, 태아 체중 감소, 일부 암 유발 위험 증가 등 인체에 치명적인 영향을 미치는 것으로 알려져 있다. PFAS는 유럽과 미국을 비롯한 해외에서 유해성이 계속 제기되면서 규제가 시작되었고 미국은 2021년 28개 주 이상에서 관련 법령을 정비하였다.

(4) 보팔 가스 누출 사고

1984년 미국계 다국적기업인 유니언 카바이드(Union Carbide Corporation)가 소유한 살충제 공장에서 약 39톤의 독성 가스가 유출되는 사고가 발생하였으며, 이로 인해 인도의 보팔시에서만 하룻밤 사이 수천 명이 사망하였다. 해당 독성 가스는 시안화수소(Hydrogen cyanide)와 포스겐(Phosgene)이 뒤섞인 맹독 가스 메틸 이소시아네이트(Methyl isocyanate)였다. 이 사고는 역사상 최악의 산업 사고로 기록되었는데, 약 2만 5천 명이 사망하고 15만여 명이 불구가 되었으며 50만 명이 가스 중독으로 인한 피해를 입은 것으로 추정된다(Judah & Tim, 2023). 특히, 급격한 상수도 오염이 발생하면서 이를 섭취한 주민에게 암과 호흡 곤란을 유발하였고, 해당 지역의 기형아 출산율이 급격히 증가했다. 조사 결과 유니언 카바이드는 각종 부대비용 발생 문제로 당시 공장을 도시 외곽에 건설하지 않았는데, 이는 1980년대 들어 살충제 수요가 감소하면서 기업이 비용을 절감하기 위해 환경적인 위험을 무시함으로써 발생한 사건으로 판단된다.

(5) 환경(E)이 지배구조(G)에 영향을 줄까?

'기후 행동 100+(Climate Action 100+)'는 세계 최대 온실가스 배출 기업들이 기후변화에 대해 필요한 조치를 할 수 있도록 하기 위한 투자자 주도 이니셔티브(기후 행동100+, 2024)로, 탄소 배출을 많이 하는 기업, 한국 기업으로는 한국전력공사, SK이노베이션, 포스코, 삼성전자 등을 주시하면서 해당 기업의 이사회에 환경 분야의 전문성을 갖춘 이사진이 포함되었는지 확인한다. 해외의 의결권 행사 지침 개정 동향이나 기관 투자자 동향을 봐도 이런 점이 부각되는 것을 알 수 있다. 해외 의결권 자문사나 기관투자자가 주된 ESG 이슈로 다양성을 강조하는 것처럼 기후 리스크나 환경 분야에 대한 전문성 있는 이사진을 구성하는 것을 중요하게 생각하고 있다. 실질적으로 거버넌스 분야에서도 환경이라는 이슈는 무시할 수 없는 부분이 되었다.

1 E(환경) 부문: 평가기관 동향

기업의 ESG 경영은 한국ESG기준원, 한국ESG연구소, 서스틴베스트(SUSTINVEST) 등 국내 평가기관과 MSCI, S&P Global, Moody's, LSEG Data & Analytics 등 해외 평가기관으로부터 평가를 받으며, 글로벌 투자자 및 다양한 이해관계자들은 각 평가기관의 평가 결과를 ESG 관점에서 해당 기업의 성과를 판단하는 핵심 지표로 활용하고 있다. 기업이 우수한 ESG 경영을 하는 경우, 평가기관에 상관없이 좋은 평가를 받는 것이 이상적일 수 있지만 실제로는 각 평가기관에 따라 상이한 평가 결과를 받을 확률이 높다. 따라서 기업은 각 평가기관이 어떤 기준과 철학을 가지고 기업의 ESG 경영을 평가하는지 파악하는 것이 중요하다. 이를 바탕으로 해당 기업의 ESG 경영철학과 부합하는 기준과 방법으로 평가하는 기관에 집중할 필요가 있다. 그렇다면 기업이 지속가능경영보고서를 발간할 때 가장 중요하게 작성해야 하는 것은 무엇일까? 기후변화를 포함한 환경(E), 사회(S), 지배구조(G)의 각 부문이 모두 중요하지만, 중대성 평가를 통해 자사가 포함되어 있는 산업에서 우선순위를 두어야 하는 이슈가 무엇인지 파악해야 한다. 예를 들어, 코카콜라의 경우를 생각해 보면 중대성 평가에서 물과 플라스틱이 두 개의 가장 중요한 항목일 것임을 어렵지 않게 예측할 수 있다. 따라서 이러한 중대성 평가 결과를 바탕으로 해당 이슈를 어떻게 관리하고 있는지를 지속가능경영보고서에 잘 담아내는 것이 무엇보다 중요하다.

(1) 평가기관의 분류

ESG 평가기관은 데이터 수집 방식에 따라 공개정보형 또는 복합수집형으로, 평가 범위에 따라 전사적, 이슈특화형으로 이원 분류할 수 있다. 예를 들어 Bloomberg는 대표적인 공개정보형·전사적 평가기관으로, 공개 데이터를 기반으로 평가를 수행하지만 미공개 정보는 산업평균값을 적용하여 추정 평가한다. 반면, ISS ESG, Sustainalytics는 공개 데이터와 더불어 기업 설문 및 현장 실사를 통해 복합적으로 수집한 데이터를 기반으로 전사 ESG 평가를 수행한다.

CDP와 Equileap은 특정 이슈에 대한 심층 평가체계를 운영하고 있다.

(2) 평가기관마다 상이한 평가 방법

각각의 평가기관이 어떤 지표를 활용하여 기업을 평가하는지 이해할 필요가 있다. ESG 중 환경 부분의 경우 LSEG Data & Analytics는

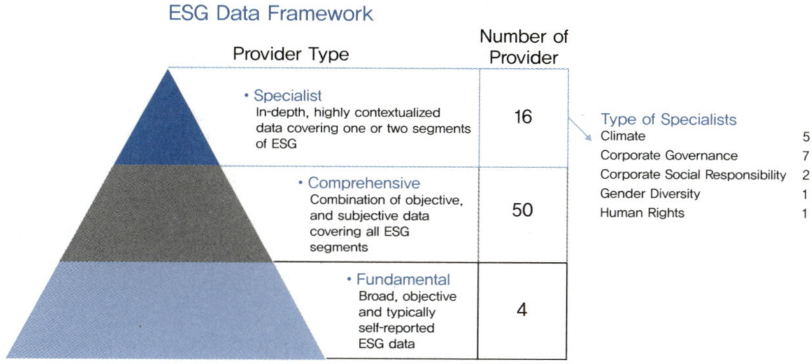

그림 1.3 ESG Data Framework
(자료: Li & Polychronopoulos, 2020)

크게 세 가지의 카테고리, 즉, Resource use, Emissions, Innovations를 이용하고 있다. 여기서 Resource use란 자원의 이용을 의미하며 기업이 원자재와 함께 물을 이용하는 과정, 그리고 에너지를 공급받는 방식 등을 평가하게 된다. Emissions은 기업이 배출하는 온실가스(GHG)와 같은 환경적 배출물의 관리 및 감소 노력에 초점을 두고 평가하며, Innovations 카테고리에서는 환경관리시스템이나 R&D, 그리고 기술의 혁신 정도를 평가한다. 한편 'MSCI'가 평가하는 카테고리는 네 개로 분류되는데 1) 기후변화(Climate Change) 부문에서는 탄소배출량 등을 평가하고 2) 자연자본(Natural Capital) 부문에서는 사업장이 생물다양성과 토지 이용에 미치는 영향 등을 평가한다. 또한, 3) 오염과 폐기물(Pollution and Waste)에서는 폐기물을 관리하는 방법을, 4) Environmental opportunity에서는 기존의 공정에서 벗어나 해당 기업이 클린테크(Clean-Tech) 기술을 도입하거나 새롭게 개발하는지의 여부를 평가한다.

기업의 ESG 경영 현황 전반을 평가하는 항목은 평가기관에 따라 상이하지만, 세부 항목의 경우 1,000여 개 이상이 고려되기도 한다. 또한, 모든 항목에 대한 평가는 점수화되고 항목별로 가중치가 부여되어 결과적으로 등급이 결정된다. 평가기관이 사회(S)나 지배구조(G)보다 환경(E)을 더 중요하게 생각한다면 E 항목에 3분의 1보다 더 높은 가중치를 부여할 수 있다. 그렇기에 한 분야에서 점수가 높다고 해서 전체적인 ESG 점수가 높은 것은 아닐 수 있다.

또한, 평가기관마다 주의 깊게 보는 항목들이 다르기에 같은 기업이라도 평가 결과가 다를 수 있다. 예를 들어, MSCI가 기업의 폐기물 발생을 중요 요소로 평가하는 반면 Bloomberg는 그렇지 않을 경우, 폐기물 발생이 상대적으로 많은 기업은 Bloomberg의 평가에서 오히려 높은 점수를 받을 수도 있다. 이와 같은 이유로 우리 기업이 속한 분야가 보편적으로 어떤 항목을 중요하게 다뤄야 하는지를 중대성 평가 등으로 먼저 식별한 뒤 그 특수성을 고려해서 각 평가사의 특성에 맞는 항목 중심으로 대비하는 것이 이상적이다. 〈표 1.1〉은 주요 평가기관(LSEG Data & Analytics, MSCI, S&P Global ESG Scores, Bloomberg)의 환경 분야 평가 항목이다. 각 평가기관의 주요 평가 항목 및 가중치가 상이하기 때문에, 보다 높은 평가 점수 및 등급을 받기 위해서는 자사의 상황을 명확히 파악하고 평가 대응 전략을 수립하는 것이 무엇보다 중요하다.

표 1.1 Differences in E pillar categories covered by different rating providers

Rating provider	Categories	Themes	Reference
LSEG Data & Analytics	Resource Use	Water Energy Sustainable packaging Environmental supply chain	LSEG Data & Analytics (2021)
	Emissions	Emissions Wastes Biodiversity Environmental management systems	
	Innovations	Product innovations Green revenues Research and Development Capital expenditures	
MSCI	Climate Change	Carbon emissions Product carbon footprint Financing environmental impact Climate change vulnerability	Giese et al. (2021)
	Natural Capital	Water stress Biodiversity and land use Raw material sourcing	
	Pollution and Waste	Toxic emissions and waste Packaging materials and waste Electronic waste	
	Environmental opportunities	Opportunities in clean technology Opportunities in green building Opportunities in renewable energy	

S&P Global ESG Scores		Biodiversity Building materials Climate strategy Co- processing Electricity generation Environmental policy and management systems Environmental reporting Fuel efficiency Genetically modified organisms Low carbon strategy Mineral waste management Operational eco efficiency Packaging Product Stewardship Raw material sourcing Recycling strategy Resource conservation and resource efficiency Sustainable forestry practices Transmission and distribution Water operations Water related risks	S&P Global Market Intelligence (2020)
Bloomberg		Carbon emissions Pollution Climate change effects Waste disposal Renewable energy Resource depletion	Boffo and Patalano (2020)

자료: Senadheera, Sachini Supunsala, et al. 'Scoring environment pillar in environmental, social, and governance (ESG) assessment.' Sustainable Environment 7.1 (2021): 1960097.

표 1.2 평가기관별 메타(Meta) 평가 기준 차이 분석

Provider 1			Provider 2		
Category	Score	Weight	Category	Score	Weight
Environmental Strategy	37	33.0%	Operation Incidents	100	22.3%
Minimizing Environmental Impacts from Energy Use	68	33.0%	Green Procurement Policy	0	10.0%
Management of Environmental Impacts from Personal Transportation	30	33.0%	Sustainable Products & Services	0	10.0%
Pollution Prevention	0	0.0%	Environmental Management System	20	6.7%
Green Products and Services	0	0.0%	Env. Management System (EMS) Cert.	0	6.7%
Protection of Biodiversity	0	0.0%	Environmental Supply Chain Incidents	100	6.7%
Protection of Water Resources	0	0.0%	Product & Service Incidents	100	6.7%
Atmospheric Emissions	0	0.0%	Environmental Policy	0	3.3%
Waste Management	0	0.0%	Environmental Fines and Penalties	100	3.3%
Local Pollution	0	0.0%	CDP Participation	0	3.3%
Impacts of Product Use and Disposal	0	0.0%	Scope of GHG Report	0	3.3%
Supply Chain: Environmental Factors	0	0.0%	GHG Reduction Program	50	3.3%
			Renewable Energy Program	100	3.3%
			Carbon Intensity	20	3.3%
			Carbon Intensity Trend	20	3.3%
			Renewable Energy Use	100	3.3%
Provider 1 E Score	45		Provider 1 E Score	51	
Z-Score	1.29		Z-Score	-0.45	
E Score (Percentile)	90.00%		E Score (Percentile)	39.00%	
E Score	0.77		E Score	0.23	

자료: Li & Polychronopoulos, 2020

〈표 1.2〉는 서로 다른 두 평가기관이 글로벌 빅테크 기업인 메타(Meta)의 ESG 성과를 평가한 결과이다. 평가기관 1(Provider 1)은 '개인 교통수단으로 인한 환경 영향 관리'에 1/3의 가중치를 부여하지만, 평가기관 2(Provider 2)는 해당 내용이 16개 범주에 포함되지 않는다. 반면, 평가기관 2는 평가기관 1에서 다루지 않는 '운영 사고'에 큰 비중을 두고 있다. 이와 같이 두 평가기관은 메타(Meta)의 환경적 특성을 측정하기 위해 서로 다른 평가 항목을 사용하고 있으며, 유사한 항목에 대해 서로 다른 가중치를 부여함으로써 한 평가기관이 메타(Meta)를 우수한 기업으로 평가할 때 다른 평가기관은 평균 이하의 기업으로 평가하게 되는 상황이 발생했다. 이 결과는 각 평가기관이 각자의 관점에 따라 특정 지표와 환경, 사회 및 거버넌스의 평가비중을 다르게 배정하는 등 상이한 평가 방식을 취하고 있음을 명확히 보여준다. 기업은 평가기관이 사용하는 방법론을 검토하고 해당 방법론이 기업의 경영철학 및 중대성평가의 항목들과 일치하는지를 고려해야 한다.

2 환경 부문 핵심 이슈

(1) '넷제로' & '탄소중립'

ESG 분야 전문가들 사이에서도 '넷제로(Net-Zero)'와 '탄소중립(Carbon Neutrality)'이라는 용어가 혼용되곤 한다. 그러나 이 두 개념에는 차이가 존재한다. 인간의 산업 및 경제 활동으로 인해 온실가스는 지속적으로 대기 중으로 배출된다. 이러한 온실가스는 대기에 머무르지 않고 자연적으로나 인위적으로 대양, 토양, 산림 등에 흡수된다. 여기서 '넷제로'는 대기 중 온실가스의 순배출량이 '0'이 되는 상태, 즉 배출량과 흡수량이 균형을 이루는 상태를 의미한다. 반면 '탄소중립'은 온실가스 중에서 특히 이산화탄소의 순배출량이 '0'이 되는 상황을 의미한다. 다만, 한국은 탄소중립기본법을 제정하면서 '탄소중립'을 대기 중에 배출 · 방출 또는 누출되는 온실가스의 양에서 온실가스 흡수의 양을 상쇄한 순배출량이 '0'이 되는 상태로 정의하면서 기업 입장에서는 넷제로 및 탄소중립을 사실상 동일한 용어로 이해하고 있다.

화석연료의 연소 과정에서 발생하는 이산화탄소는 전체 온실가스 배출량의 약 80%를 차지할 정도로 중요하고, 온실효과에 미치는 영향도 크기 때문에 현대 사회에서는 주로 이산화탄소에 초점을 맞추고 있다. 다양한 온실가스가 지구온난화에 미치는 영향을 비교하고 평가하기 위해 각 온실가스의 배출량을 이산화탄소 배출량으로 환산하여 하나의 공통 척도로 표현하는 것을 CO_2eq(CO_2 equivalent)라고 표현하는데, 이때 다른 온실가스의 온실효과는 이산화탄소가 100년 동안 대기 중에 머무르며 가져오는 온실효과의 크기를 기준으로 환산한 GWP(Global Warming Potential: 지구온난화지수)로 흔히 사용된다.

온실가스(GHGs)

UNFCCC는 CO_2(이산화탄소), CH_4(메탄), N_2O(아산화질소), SF_6(육불화황), HFCs(수소불화탄소), PFCs(과불화탄소), NF_3(삼불화질소), 총 7가지 물질을 온실가스(GHGs: Greenhouse Gases)로 정의하고 있다. 다만, 한국은 NF_3를 온실가스 물질로 지정하지 않고 있다.

이산화탄소도 다른 온실가스와 마찬가지로 대양, 토양, 산림 등에 흡수된다. 특히, 산림과 대기 중에 있는 이산화탄소의 두 배 이상이 토양 환경에 유기물의 형태로 저장되어 있다. 한국은 토양환경보전법을 통해 법적으로 표토의 유실을 막고 토양의 유기물을 보존하고 있다.

많은 기업들이 넷제로와 탄소중립을 실천하기 위해 다양한 방법을 시행하고 있으며, 탄소중립을 넘어서 흡수량이 배출량을 초과하는 'Carbon Negative(탄소 네거티브)' 상태를 목표로 한다. 예를 들어, 마이크로소프트(Microsoft)는 숲을 이용하여 탄소를 토양에 저장하고 바이오차(Biochar)와 같은 CCUS(Carbon Capture, Utilization and Storage: 탄소 포집·활용·저장기술)와 DAC(Direct Air Capture: 직접 공기 포집)를 활용한 탄소 흡수 전략을 소개하고 있다(Microsoft, 2024 Environmental Sustainability Report, 2024).

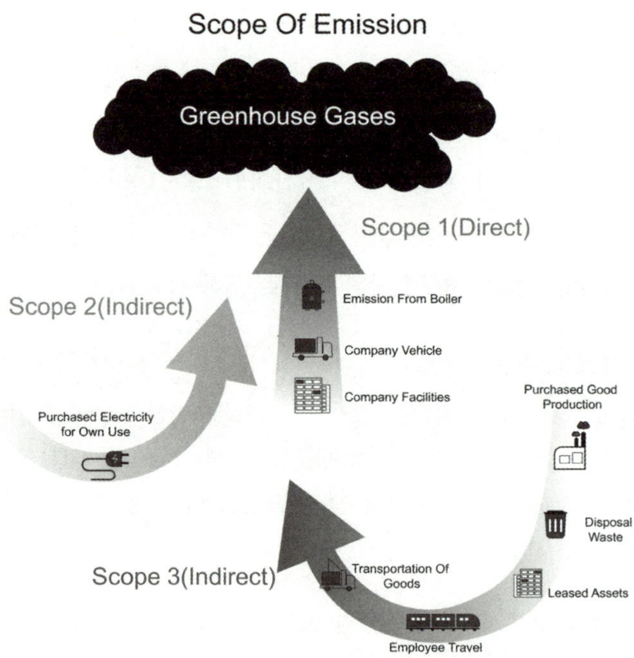

그림 1.4 Overview of GHG Protocol scopes and emissions across the value chain (자료: Corporate Value Chain (Scope 3) Accounting and Reporting Standard, World Resources Institute and World Business Council for Sustainable Development 2021)

(2) 기업의 온실가스 배출, 'Scope'

Scope(스코프)란 기업의 효율적인 온실가스 관리와 그에 대한 책임을 부여하기 위해 온실가스를 배출원별 특성에 따라 세 가지 유형으로 구분한 것을 말한다(WRI, WBCSD, 2021).

표 1.3 온실가스 인벤토리 분류체계

Scope 1	기업의 사업장에서 연료 소비 등으로 인해 직접 배출되는 온실가스
Scope 2	기업이 전기, 스팀 등 에너지원을 사용함으로써 간접 배출되는 온실가스
Scope 3	기업의 업스트림(Upstream)와 다운스트림(Downstream)의 가치사슬에서 발생되는 모든 온실가스

Scope 1은 기업이 소유한 시설에서 직접 배출되는 온실가스이다. 대표적으로 공정에서 연료나 가스를 사용하는 경우가 있다. Scope 2는 간접배출로 기업이 사용하는 전기, 스팀, 냉·난방 등 에너지 소비로 인해 발생하는 온실가스 배출량을 의미한다. Scope 3은 기타 간접 배출로, 가치사슬(Value Chain) 전반에서 발생하는 모든 간접적인 온실가스 배출(예: 공급망, 물류, 제품 사용 등)을 의미한다. Scope 3 배출량은 크게 업스트림(Upstream), 다운스트림(Downstream) 가치사슬에서 발생하는 배출량으로 구분한다. 업스트림은 주로 기업이 자사에 납품하는 제품이나 서비스를 구매, 운송하는 단계 및 임직원의 출장, 통근 활동으로 발생하는 온실가스 배출량을 말하며 다운스트림은 고객이 자사 제품이나 서비스를 사용 및 폐기하는 과정에서 발생한 온실가스 배출량을 의미한다. 업스트림과 다운스트림은 각각 8개와 7개의 세부 카테고리로 구분된다.

표 1.4 카테고리별 Scope 3 정의

업스트림 (Upstream) 카테고리	1. 구매한 제품 및 서비스	기업이 구매한 모든 제품 및 서비스의 생산 과정에서 발생하는 배출량.
	2. 자본재	기업이 사용하는 장비, 건물 등 자본재의 생산 과정에서 발생하는 배출량.
	3. 연료 및 에너지 관련 활동	Scope 1 및 Scope 2에 포함되지 않은 연료와 에너지의 생산 및 수송 관련 배출량.
	4. 운송 및 유통 (상위)	공급업체가 제품을 기업에 운송하거나 유통하는 과정에서 발생하는 배출량.
	5. 폐기물 처리	기업 운영 중 발생한 폐기물의 처리 과정에서 발생하는 배출량.
	6. 출장	임직원의 출장 시 발생하는 교통수단 이용과 관련된 배출량.
	7. 통근	임직원이 회사로 출퇴근하는 과정에서 발생하는 배출량.
	8. 임차 자산 (상위)	기업이 임대한 자산의 운영 과정에서 발생하는 배출량.
다운스트림 (Downstream) 카테고리	9. 운송 및 유통 (하위)	기업이 판매한 제품이 소비자에게 전달되는 과정에서 발생하는 배출량.
	10. 판매된 제품의 처리	소비자가 제품을 사용 후 폐기하거나 처리하는 과정에서 발생하는 배출량.
	11. 판매된 제품의 사용	소비자가 제품을 사용하는 동안 발생하는 배출량.
	12. 판매된 제품의 폐기	소비자가 사용한 제품을 폐기할 때 발생하는 배출량.
	13. 임차 자산 (하위)	기업이 소유하고 있지만 다른 조직에 임대한 자산의 운영에서 발생하는 배출량.
	14. 프랜차이즈	프랜차이즈 매장에서 발생하는 온실가스 배출량.
	15. 투자	기업이 투자한 자산이나 프로젝트에서 발생하는 배출량.

자료: Corporate Value Chain (Scope 3) Accounting and Reporting Standard. World Resources Institute and World Business Council for Sustainable Development.

그렇다면 Scope 3은 왜 중요한가? 우선, ISSB(International Sustainability Standards Board, 국제지속가능성기준위원회)는 기업의 ESG 공시에 Scope 3 산정 및 공시를 요구했다. ISSB는 2023년 기준 전 세계 약 140개국 이상에서 채택하는 국제회계기준(International Financial Reporting Standards, IFRS)을 제정하는 국제회계기준위원회(International Accounting Standards Board, IASB)가 설립한 국제지속가능성기준위원회로, 전 세계 기업의 ESG 공시 부문에서 큰 영향을 끼치고 있다. 또한, 기업의 기후 공시 관련 표준 역할을 하는 TCFD(Task Force on Climate-related Financial Disclosures, 기후변화 관련 재무정보공개 협의체)는 2017년 발표한 권고안에서 Scope 3 배출량을 공개하라고 명시했다. 넷제로 목표를 설정하겠다고 약속한 기업들에게 이와 관련된 표준을 제공하는 국제기구인 SBTi(Science Based Targets initiative, 과학기반감축목표 이니셔티브)는 2021년에 기업들이 단기 및 장기 감축 목표를 설정할 때 Scope 3 배출량을 반드시 포함해야 한다고 명시했다. 이에 따라 기업들은 자사에서 발생하는 모든 온실가스를 스코프별로 분류하여 계산해야 한다. 더불어, 기후 금융의 확산과 함께 은행, 보험, 자산 운용사 등 금융 부문별로 넷제로 금융 이니셔티브가 도입되고 있다. 이러한 변화로 금융 기관들은 투자하거나 대출을 제공하는 기업들의 온실가스 배출량(금융배출량 또는 포트폴리오 배출량)을 관리하는 것이 의무화되고 있다. 금융배출량은 Scope 3의 Category 15. 'Investment'에 포함될 수 있다. Scope 3는 기업별 업종의 특성이 상이하고 산정 대상 및 범위가 광범위하다. 이에 따라 기업이 Scope 3 배출량을 산정하고 현실적인 감축 방안을 수립하기 위해서는 정확하고 신뢰도 높은 배출계수가 지속적으로 개발되어야 한다. 특히 각 공급망에 속한 기업들이 국제 표준 및 요구사항에 부합하는 자사의 제품 및 서비스에 대한 전과정평가를 수행하고 그 결과를 유관 공급망 기업과 공유하여 Scope 3의 정확한 산정을 위한 노력이 필요하다.

표 1.5 Greenhouse Gas (GHG) Emissions Calculator

Level 1	Level 2	Level 3	Fuel	Unit	Factor fuel	Factor EV	Distance(km)	kg CO2e
Passenger vehicles	Cars (by size)	Small car	Plug-in Hybrid Electric Vehicle	km	0.022	-	100	2.24
Passenger vehicles	Cars (by size)	Small car	Battery Electric Vehicle	km	-	-	100	-
Passenger vehicles	Cars (by size)	Medium car	Plug-in Hybrid Electric Vehicle	km	0.069	-	100	6.94
Passenger vehicles	Cars (by size)	Medium car	Battery Electric Vehicle	km	-	-	100	-
Passenger vehicles	Cars (by size)	Large car	Plug-in Hybrid Electric Vehicle	km	0.077	-	100	7.67
Passenger vehicles	Cars (by size)	Large car	Battery Electric Vehicle	km	-	-	100	-
Passenger vehicles	Cars (by size)	Average car	Plug-in Hybrid Electric Vehicle	km	0.071	-	100	7.10
Passenger vehicles	Cars (by size)	Average car	Battery Electric Vehicle	km	-	-	100	-
Passenger vehicles	Cars (by size)	Small car	Diesel	km	0.138		100	13.76
Passenger vehicles	Cars (by size)	Small car	Petrol	km	0.149		100	14.95
Passenger vehicles	Cars (by size)	Small car	Hybrid	km	0.105		100	10.49
Passenger vehicles	Cars (by size)	Small car	Unknown	km	0.145		100	14.55
Passenger vehicles	Cars (by size)	Medium car	Diesel	km	0.165		100	16.50
Passenger vehicles	Cars (by size)	Medium car	Petrol	km	0.188		100	18.79
Passenger vehicles	Cars (by size)	Medium car	Hybrid	km	0.110		100	10.96
Passenger vehicles	Cars (by size)	Medium car	CNG	km	0.159		100	15.95
Passenger vehicles	Cars (by size)	Medium car	LPG	km	0.179		100	17.93
Passenger vehicles	Cars (by size)	Medium car	Unknown	km	0.176		100	17.56

자료: UNFCCC, 2022

기업의 온실가스 배출량을 산정하는 방법은 간단하다. UNFCCC는 연료별 배출계수를 홈페이지에 공개하고 있다. 예를 들어, 대중교통으로 출근할 때와 자차로 출근할 때, 더 나아가 자차가 소형인지 중형인지 혹은 전기모터를 사용하는지 내연기관을 사용하는지에 따라 배출계수 값이 모두 다르다(〈표 1.5〉 참조). 같은 연료더라도 연료의 품질(북해산 트렌유 혹은 두바이유)에 따라 배출계수가 다른 것도 확인할 수 있다. 제품의 시작부터 끝까지 모든 온실가스 배출량을 계산하기 위해

LCA(Life Cycle Assessment, 전과정평가)가 진행된다. LCA는 제품 시스템의 모든 주기, 즉 원료 채취부터 가공, 수송, 사용, 폐기까지의 모든 과정에서 발생하는 환경 영향을 평가하는 방법이다. 이론적으로는, LCA를 통해 얻은 데이터를 기반으로 공개되어 있는 배출계수에 맞춰 에너지 사용량을 곱한 뒤 모두 더해주면 쉽게 온실가스 배출량을 계산할 수 있다.

(3) 폐기물의 자원화

UNEP(UN Environment Programme, 유엔환경계획)은 지속가능한 소비를 단순히 적게 소비하는 것이 아니라 차별화하고 효율적으로 소비하여 향상된 삶의 질을 누리는 방식이라고 정의한다. 이처럼 지속가능한 소비의 핵심은 삶의 질을 높일 수 있도록 폐기물 발생 등의 부정적인 영향을 최소화하면서 제품과 서비스를 생산 및 소비하는 것이다. 한국은 환경부의 자원순환정책과를 중심으로 폐기물과 관련된 다양한 유관 법령을 개정하고 있다. 예를 들어 특정 규모 이상의 사업장에서는 음식물 쓰레기를 자원화 혹은 바이오가스화해서 에너지를 생산하거나 특정 플라스틱 폐기물에 대해서는 일정 비율 이상 열분해를 해야 한다. 이런 정책의 변화 속에서 석유화학 회사들은 폐기물 재활용에 많은 투자를 하고 있다. SK 글로벌케미칼은 회사명을 SK 지오센트릭으로 바꾸면서 도시의 플라스틱을 열분해하여 연료를 생산하는 도시 유전 기술을 주요 전략으로 채택했다. 폐기물에 대한 관심이 선형경제에서 순환경제로 바꾸고 있다.

폐기물을 다시 사용 가능한 물질로 돌릴 수 있는 기술들이 소개되면서 폐기물에서 순환자원으로 인정된 물질은 더 이상 폐기물이라는 표현을 쓰지 않는다. 전부 재이용이 가능한 자원이 된 것이다. 앞서 말한 SK 지오센트릭은 협업 중인 캐나다의 루프 인더스트리(Loop Industries)의 기술을 통해 플라스틱에서 원유를 뽑아내고 그 원유로 다시 플라스틱을 만들 수 있다. 일부 건설회사들은 일정 규모 이상의 호텔이나 아파트 단지에서 발생하는 음식물 쓰레기로 가스를 생산하는 시설을 주목하고 있다. 이처럼 ESG 경영과 자원순환 경제가 강조되는 가운데 폐기물 산업은 신사업으로 뚜렷한 성장세를 보이고 있다. 전문가들은 글로벌 폐기물 처리 시장이 연평균 3.4%씩 성장하여 2030년에는 2조 4,830억 달러 규모가 될 것으로 예상한다(더나은미래 & futurechosun.com, 2022). 국내 폐기물 시장 규모 또한 2025년 23조 7,000억 원이 될 것으로 전망되며, 이는 10년 전에 비해 10조 원 이상 커지는 것이다. 대기업들은 적극적인 투자와 전략적 제휴 및 인수합병(M&A) 등을 통해 수집, 운반에서 처분, 활용으로 이어지는 폐기물 밸류체인을 구축하고 있으며 인공지능(AI) 등을 접목한 디지털 전환에도 속도를 내고 있다. 글로벌 시장의 지배력 확대를 위해 적극적인 해외 시장 진출도 고려하고 있다.

국내 기업들은 폐기물 재이용 기술이나 공장의 규모에 대한 실증 데이터가 부족하기 때문에 주로 특정 국가의 기업과 협업을 진행한다. 폐기물의 종류에 따라 폐기물을 수집하고 분류하는 전처리 기술은 주로 해외 기업들이 선도하고 있다. 프랑스의 다국적 기업 베올리아(Veolia)는 AI를 활용한 폐기물 선별 기술을 통해 빠른 기간 안에 물리적인 선별 방법보다 더 정확한 분류가 가능한 서비스를 제공하고 있다. 열분해 기술의 경우 열분해(Pyrolysis), 가스화(Gasification) 등의 일반적인 기술이 확립되어 있지만 국내 기업의 기술은 외국 기업과 비교해서 아직 초기 단계로 평가받고 있다. 관련 공정을 10년 이상 안정적으로 운영한 경험이 있는 유럽이나 미국, 캐나다의 기업들과 협업이 꼭 필요한 이유다.

(4) 플라스틱 이슈

플라스틱 오염을 줄이기 위한 여러 노력이 진행되고 있다. 국제적으로는 INC(Intergovernmental Negotiating Committee, 플라스틱 오염 대응 국제협약을 성안하기 위한 정부간협상위원회)를 중심으로 플라스틱 오염의 종식을 위해 노력하고 있다. 또한 IUCN(International Union for Conservation of Nature, 세계자연보전연맹)과 같은 국제기구에서는 기업의 플라스틱 배출을 관리할 방안에 대한 가이드라인을 계속 발표하고 있다. 여러 기업들은 플라스틱 배출에 관련된 국제 동향에 대응하기 위해서 이니셔티브 가입을 고민하기도 한다. 하지만 기업은 이러한 국제 이니셔티브에 가입하기 전에 충분한 대비가 필요하다. 이니셔티브가 목표하는 바에 따라 그린워싱(Greenwashing) 논란을 불러올 수도 있기 때문이다.

INC

유엔환경총회는 플라스틱 오염에 관한 신규 국제협약을 제정하기 위해 총 5차례의 정부간 협상을 개최하기로 하였다. 2022년 11월 우루과이에서 제1차 정부간협상위원회 회의(INC-1, Intergovernmental Negotiating Committee)가 개최되었고 2024년 한국 부산에서 5차 회의가 개최되었으나 협약 선안에 이르지 못했고, 2025년에 추가 협상회의(INC-5.2)가 개최될 예정이다.

(5) 생물다양성

생물다양성은 지구상 종(Species), 생태계(Ecosystem), 유전자(Gene)의 다양성을 총칭한다. 생물다양성 정의에 대한 상세 사항은 Chapter 4.

생물다양성과 ESG 경영에서 다룬다. 한국 정부는 생물다양성이 지구와 생태계의 지속가능성뿐만 아니라 국민의 삶에도 지대한 영향을 미친다는 것을 인지하고 생물다양성 보전을 위해 2023년에 '국가생물다양성전략'을 수립하여 이행하고 있다. 다수의 국내 기업 또한 BNBP(Biz N Biodiversity Platform, 기업과 생물다양성 플랫폼)에 가입하여 자사의 생물다양성과 관련된 전략과 활동들을 공유하고 있다.

국제적으로는 MSCI, S&P Global 등이 기업의 생물다양성 관련 활동에 대해 평가하고 있으며, 유엔환경계획(UN Environment Programme, UNEP)과 세계자연기금(World Wide Fund for Nature, WWF)이 주도하여 TCFD와 유사하게 기업의 생물다양성 의존성, 영향, 리스크 및 기회를 평가하고 공시하는 표준화된 프레임워크인 자연 관련 재무정보공개 협의체(Taskforce on Nature-related Financial Disclosures, TNFD)를 설립했다. 이는 곧 투자자들이 기후변화에 대한 기업의 자료를 요구하는 것과 같이 생물다양성에 관한 자료도 요구한다는 뜻이다. TCFD와 더불어 TNFD 모두 기업에서 필수로 대응해야 하는 상황이지만 국내 기업들의 생물다양성 대응은 아직 개선할 사항이 많다. 2017년부터 2021년까지 국내 시가총액 200대 기업 중 72%가 지속가능경영보고서를 발간했으며, 생물다양성을 중대 이슈로 다룬 기업은 지난 5년간 지속적으로 증가하였고, 비핵심 이슈에서 핵심 이슈까지 도출되는 경향을 보였다. 하지만 그중 국제적으로 통용되는 생물다양성 공시 기준인 GRI 304를 따르는 기업은 전체의 17%에 불과하다. 기업이 인식하고 있는 생물다양성의 중요성은 과거에 비해 확연하게 증가하였으나 여전히 많은 기업이 이에 대한 적절한 보고를 하지 않고 있으며, 관련된 활동 및 성과도 글로벌 기업의 평균 수준에 미치지 못하고 있다.

삼성전자의 2022년 지속가능경영보고서는 GRI 보고를 세부 항목까지 포함해서 다루고 있으며, 생물다양성을 하나의 독립적인 챕터로 비교적 상세하게 다루고 있다. 하지만 최근 케임브리지대학과 옥스퍼드대학이 공동으로 실시한 포춘 100대 기업 대상 생물다양성 평가에서 삼성전자는 좋은 결과를 받지 못했다. 2016년에서 2021년 동안 포춘 100대 기업의 대부분은 지속가능경영보고서에 생물다양성을 언급하고 있으며 그중 절반 이상이 단순 언급을 넘어 생물다양성의 계획과 결과가 반영되어 있다. 주목할 점은 이미 상당수의 리딩 기업은 생물다양성을 기후변화와 연계하고 그 결과가 scale-up 될 수 있도록 정량적인 평가를 수행하고 있다는 것이다. 이 프로젝트에서 마이크로소프트(Microsoft), 쉘(Shell), 소니(Sony), 토요타(Toyota) 등은 리딩 기업으로 분류되었으나 국내 기업은 여기에 포함되지 못했다. 삼성전자의 경우 생물다양성을 언급하였으나 마이크로소프트(Microsoft)를 포함한 리딩 기업과 달리 구체적 전략을 제시하지 않았고 생물다양성과 기후변화를 연계시키지 못하여 정량화에 실패하였다고 평가되었다. 이는 타 기업들이 생물다양성을 전체 가치사슬에 포함한 것과 달리 삼성전자는 공급망 정도에 국한되고 있으며, 보다 정밀한 측정과 공시가 필요한 상황으로 보인다(〈표 1.6〉 참조)

ESG 경영은 환경, 사회, 지배구조 차원에서 다양한 이슈로 구성되어 있고, 기업이 처한 상황, 이해관계자의 요구 및 동향 등에 따라서 주목받는 이슈는 달라질 것이다. ESG 경영이 본격적으로 확산된 이후 환경 부문에서는 기후변화 대응을 목표로 탄소중립, RE100과 같은 '온실가스 배출 감축'이라는 이슈가 주목받아 왔다. 이에 따라 대다수 기업이 중요성을 인식하고, 다양한 방식으로 실천하고 있다. 이러한 이슈는 '기

표 1.6 생물다양성 계획 및 결과

Company Name	Net outcomes dataset	Current Global Fortune 500	Biodiversity mention text	Scope of impacts value chain	SMART Milestones	SMART Reasoning	Positive contribution	Integration Biodiversity & Climate KPIs	Fortune 100 Sector
IKEA	Yes	No	The world is experiencing a dramatic loss of	Value chain	Yes - compre hensive set of SMART	New forestry goals leading up to 2030 as part of the Forest	Scaled by impacts	Mention of biodive rsity co-benefits	
Microsoft	No	Yes	In 2020, we committed to permanently	Value chain	Yes - compre hensive set of SMART	In 2020, we committed to permanently protect and restore more land	Scaled by impacts	Mention of biodiversity co-benefits	technol ogy
Samsung Electronics	No	Yes	We are committed to minimizing the impact of our	Supply chain + operations	No - or not disclosed	-	CSR initiatives	No mention of biodiversity in climate strategy	technol ogy
Shell	No	Yes	We work hard to minimise our impact and	Direct operations	Partial some components SMART	Specific and measurable commitments, but not time-bound	Scaled by impacts	Mention of biodiversity co-benefits	energy
Sony	No	Yes	protecting biodiversity in business activities	Value chain	No - or not disclosed	-	Scaled by impacts	Mention of biodiversity co-benefits	technol ogy
TotalEn ergies	No	Yes	TOTAL has adopted in 2020 a new biodiversity	Direct operations	No - or not disclosed	SMART targets, but not related to OUTCOMES. A biodiversity action	Scaled by impacts	Mention of biodiversity co-benefits	energy
Toyota	No	Yes	Implemented activities promoting	-	No - or not disclosed	Targets timebound by 2025, but they are not specific or relate to	Scaled by impacts	Mention of biodiversity co-benefits	motor vehicles & parts

자료: Ermgassen et al. (2022). Are corporate biodiversity commitments consistent with delivering 'nature-positive' outcomes? Journal of Cleaner Production, 379, 134798.

업이 환경적으로 끼치는 부정적인 영향을 최소화하자'는 접근법이다. 그러나 이제는 기업에게 더욱 적극적인 대응이 요구되고 있다. '기업이 환경적으로 미치는 긍정적인 영향을 극대화하자'라는 접근법이 필요한 것이다. 이러한 기업의 적극적인 대응에 대한 이슈가 바로 '네이처 포지티브(Nature Positive)'다. 네이처 포지티브는 생물다양성 손실을 멈추고 생태계를 회복(positive)시키는 것을 추구하는 이니셔티브로, 지구 및 자연환경에 대해 기업의 역할이 과거에 비해 더욱 적극적으로 변화하는 것을 의미한다. 앞서 말했듯, 국내 기업은 그동안 생물다양성의 중요성을 어느 정도 인식해 왔고, 그에 따른 노력 또한 이루어지고 있으나 기업이 보고하는 수준 및 내용은 아직 많이 부족한 것이 현실이다. 이렇듯 ESG 경영 중 환경 부문에서의 동향과 글로벌 기관들의 대응을 고려할 때, 앞으로는 생물다양성과 같이, 결국 자연환경에 더욱 긍정적인 역할을 수행하는 기업들의 경쟁력이 커질 수밖에 없기에 이에 대한 국내 기업의 대응이 시급하다.

(6) 공급망 관리

과거의 공급망 이슈는 주로 노동, 인권, 사회 문제를 중심으로 바라보았으며 이는 기업들이 제품의 생산부터 유통까지 모든 과정에서 발생할 수 있는 노동자의 권리 침해, 부당한 노동 환경, 그리고 사회적 불평등 문제 등을 중심으로 대응하도록 했다. 특히 공급망 과정에서 발생하는 아동 노동과 같은 심각한 인권 문제는 기업의 공급망 관리 전략에서 중대한 고려 사항으로 부상했다. 특히, 배터리 및 반도체 광물 채굴 과정에서 발생하는 아동 노동 착취 문제가 큰 이슈가 되었다. 일례로, 아프리카 콩고민주공화국의 코발트 광산에서 아동 노동 착취 문제로 애

플, 구글, 테슬라 등 미국의 IT 공룡 기업들이 IRA(International Rights Advocates, 국제권리변호사회)에 고소당한 이후 많은 기업이 공급망 원자재 조달 과정에서 발생하는 인권, 노동, 환경 이슈를 고려하고 이에 따라 윤리적 노동 규정을 강화하고 공급망 내 인권 보호를 위한 체계적인 접근법을 도입하고 있다.

최근에는 환경 오염 문제에 대한 전 세계적인 관심이 증가하면서 공급망 관리에 환경적 측면이 더욱 중요한 요소로 부각되고 있다. 기후변화, 자원 고갈, 생태계 파괴 등의 환경 문제는 공급망 전반에 걸쳐 심각한 영향을 미치고 있으며, 이에 대응하기 위한 전략은 필수적이다. 특히 공급망 내 탄소 배출을 줄이고, 지속가능한 자원 사용을 촉진하는 것이 중점적인 과제로 부상했으며, 기업들은 폐배터리 및 폐반도체의 수거 및 재활용 기술 투자를 통해 공급망의 효율성을 높이고, 환경 보호를 위한 전략을 통합하여 지속 가능한 발전을 도모하고 있다. 이처럼 기업들은 공급망 관리를 통해 사회적 책임과 환경적 책임을 충족시키고자 중대성 평가를 통해 지속가능한 공급망 영역을 주요 이슈로 도출하고 지속가능경영보고서를 통해 중장기 공급망 관리 전략을 공시하고 있다. 배터리 및 반도체 기업의 경우 분쟁광물을 다루는 보고서 발간 및 관련 내용을 지속가능경영보고서에 포함하기도 한다. 삼성전자는 매년 책임광물 보고서를 발간하며, 광물 조달 과정에서 발생하는 인권, 환경 이슈들을 고려하고 인지하고 있음을 보여준다.

이러한 변화는 공급망의 회복탄력성과 지속가능성을 높이는 데에 중요한 역할을 한다. 회복탄력성 있는 공급망을 구축함으로써 기업은 불확실한 시장 환경에서도 유연하게 대응할 수 있게 되었고, 노동과 인권, 환경 이슈에 대한 지속적인 관심과 개선 노력은 기업이 장기적으로 경쟁우위를 확보하는 데에도 긍정적인 영향을 끼친다.

(7) 폐배터리 재사용 및 재활용

한국 정부는 2050 탄소중립 시나리오 중 수송 분야에서 2050년까지 전기차와 수소차를 전면 도입하여 2018년 대비 온실가스 배출량 97.1% 감축을 목표로 하는 A안과 전기차 및 수소차 보급률을 85% 이상으로 확대하고 나머지 내연기관 자동차는 대체 연료를 활용하여 2018년 대비 배출량의 90.6%를 감축하는 B안을 발표했다. 친환경차 보급을 확대하기 위해 정부와 지방자치단체에선 보조금을 지원하고 있다. 국제적으로도 전기차 생산 및 수출입 규모는 커지고 있으며, 특히 미국은 IRA(Inflation Reduction Act, 인플레이션 감축법)을 발표하여 전기차 보급을 확대하고 있다.

배터리 산업은 한국의 주요 산업군으로 자리 잡았으며, 소위 K배터리로 불리는 한국의 배터리 3사(LG에너지솔루션, 삼성SDI, SK온)는 2023년 세계 전기차 배터리 시장에서 각각 13.6%, 4.9%, 4.6%의 점유율을 차지하고 있다. 배터리 생산 능력은 전년 동기 대비 각각 33.8%, 36.1%, 14.4% 성장했지만, 전체 점유율은 하락했다. 이는 최근 글로벌 완성차 업체들의 LFP(리튬 인산철) 배터리 수요 증가와 LFP 배터리의 단점을 보완하여 주력으로 생산하는 중국 기업이 점유율을 확보한 것으로 해석되고 있다. 또한 중국은 전 세계 리튬화합물 생산의 65%를 차지하여 안정적인 공급망을 확보하고 있다.

K배터리 3사도 안정적인 공급망을 확보하고 환경 규제에 대응하기 위해 다양한 전략을 수립하고 있다. 그중 폐배터리 재활용 및 재사용 사업은 원료 공급망의 다각화와 폐자원을 유용하게 사용할 수 있는 폐기물

표 1.7 2023년 1~12월 글로벌 전기차용 배터리 사용량(SNE Research, 2024)

(단위: GWh)

순위	제조사명	2022. 1~12	2023. 1~12	성장률	2022 점유율	2023 점유율
1	CATL	184.4	259.7	40.8%	36.2%	36.8%
2	BYD	70.5	111.4	57.9%	13.9%	15.8%
3	LG에너지솔루션	71.6	95.8	33.8%	14.1%	13.6%
4	Panasonic	35.6	44.9	26.0%	7.0%	6.4%
5	SK On	30.1	34.4	14.4%	5.9%	4.9%
6	CALB	18.5	33.4	80.9%	3.6%	4.7%
7	삼성SDI	23.9	32.6	36.1%	4.7%	4.6%
8	Guoxuan	13.9	17.1	23.1%	2.7%	2.4%
9	eve	7.0	16.2	129.8%	1.4%	2.3%
10	Sunwoda	9.1	10.5	15.4%	1.8%	1.5%
기타		44.4	49.4	11.3%	8.7%	7.0%
합계		509.2	705.5	38.6%	100.0%	100.0%

선순환 전략이다. 전기차의 보급 및 수요 증가로 인하여 폐배터리 시장도 급격히 성장할 것으로 주목받고 있다. 배터리의 수명은 약 10년으로 추정되며, 이에 따라 폐배터리 시장은 2022년 80억 달러에서 2025년에는 208억 달러로 성장한 뒤 연평균 17%씩 증가하여 2040년에는 약 2,089억 달러로 성장할 것으로 전망된다(SNE Research, 2024). K배터리 3사가 폐배터리 시장에서 경쟁력을 갖춘다면, 중국 이외의 핵심 광물 공급망을 확보하여 미국 및 EU의 환경 규제로 인한 리스크를 감소하여 주요 사업에 대한 지속가능한 체계를 수립할 수 있을 것이다.

3 환경 부문 ESG 경영 전망

ISSB(International Sustainability Standards Board, 국제지속가능성기준위원회), ESRS(European Sustainability Reporting Standards, 유럽지속가능성 보고기준), 미국 SEC(Securities and Exchange Commission, 증권거래위원회) 등 글로벌 지속가능성 공시 기준 최종안이 발표되고 유럽연합은 CBAM(Carbon Border Adjustment Mechanism, 탄소국경조정제도)을 발효하는 등 ESG 규제들이 강화되고 있다. 환경 분야에서 유럽과 미국이 한국보다 앞선 상황에서 한국은 저탄소 기술 등 Clean-Tech와 관련 R&D에 투자를 늘림으로써 격차를 극복하기 위한 노력이 필요하다. 또한 기업은 고도화 단계에 들어선 저탄소 시대에 대응하기 위한 경영전략으로 저탄소 산업으로의 투자 확대 및 내부 탄소가격제 도입 등 탄소관리의 방법론을 구체화해야 한다. 자사 ESG 중대성 평가를 진행하고 전과정평가를 통한 제품별 온실가스 배출량을 산정하여 Scope 3에 대한 대응도 시작해야 한다. CN-5 등의 관련 국제 정세를 파악하는 데 힘쓰고 TCFD와 TNFD에 기반한 정보 공시를 제재가 아닌 기업의 경영 성과를 판단하는 지표로 받아들일 필요가 있다.

Q1 규제 강화와 관련해서 기업들은 재생에너지의 도입을 준비하고 있습니다. 하지만 높은 금리가 유지되고 있는 이 시기에 재생에너지의 높은 원가 등의 비용적인 측면에서 기업들의 고민이 높은 상황입니다. 이 상황에 대한 학계의 입장이 궁금합니다.

A 실제로 해외의 대형 투자사들이 한국 기업들을 방문해서 재생에너지나 에너지와 관련된 투자를 하기 전에 종종 자문을 구하고 있습니다. 대한민국 정부가 재생에너지나 에너지 분야에 대해서 어떻게 투자하고 있는지에 대한 정책적인 불확실성에 대비하기 위해서 학계의 중립적인 의견들을 많이 구하는 것 같습니다. 지금 에너지 분야에 대한 불안정성이 큰 건 맞습니다. 하지만 나라마다의 정책적인 변화를 빠르게 파악하거나 예상을 할 수 있어야 합니다. 유럽이나 미국의 상황은 어느 정도 예상이 가능할 것도 같아요. 우리나라의 방향은 산업통상자원부의 기조가 굉장히 중요합니다. 전력수급기본계획과 같이 정부에서 발표하는 에너지 전환 계획을 면밀히 분석하여 온실가스 자연 감소량 등, 자사의 중장기 에너지전환 계획에 반영하면 좋을 것 같아요.

Q2 ESG가 부각되고, 20년대부터 정부와 기업에서 환경을 위해 많이 노력해 오고 있는데 이산화탄소 배출량은 계속 증가하고 있습니다. 그 이유는 무엇인가요?

A CO_2 배출에 대해서 정확히 이해하려면 전 지구적인 탄소 순환을 살펴봐야 합니다. 토양 환경에는 식생과 대기 중 탄소의 총량보다 2배 이상 많은 양의 탄소가 저장되어 있습니다. 기온이 상승하면 유기물 형태의 안정적인 토양의 탄소가 불안정한 CO_2의 형태로 날아가기 때문에 산업과는 별개로 CO_2 농도는 올라갈 수밖에 없습니다. 이미 가속화 상태이기 때문에 CO_2를 줄이기가 상당히 힘들지만 1.5℃ 시나리오로 넘어가면 너무나 큰 기후적인 재난이 발생하니, 산업계에서 탄소 배출을 줄일 수 있는 공정들을 적용하는 등의 노력을 하는 중이죠. 다시 말해서, 증가하는 CO_2 배출량에는 산업적인 요인도 있지만 자연적인 요인도 있습니다.

Q3 정화 작업은 기존의 토양을 파헤쳐서 드러내는 것인가요? 정화 작업은 어떻게 이루어지나요?

A 토양을 정화할 때는 In-situ와 Ex-situ의 두 가지 방법을 사용합니다. Ex-situ의 경우 오염된 토양을 포클레인과 덤프트럭을 이용해 대기업의 반출 사업장으로 옮기고 그곳에서 처리합니다. 하지만 현재 우리나라에서는 In-situ, 원위치 정화를 선호합니다. 토양을 반출하지 않고 그 장소에서 처리하는 방법입니다.

Q4 ESG 평가기관의 평가 결과는 비용을 지불해야 볼 수 있나요? 평가기관들이 사용하는 정보와 방법은 신뢰할 만한가요?

A 평가기관에 따라 비용이 발생할 수도, 무료로 사용할 수도 있습니다. 해외의 평가기관 중 Bloomberg는 정성적인 데이터를 사용하지 않기 때문에 그들이 사용하는 자료와 평가하는 방법을 웹사이트에 명시되어 있습니다. 하지만 MSCI나 S&P Global 등 대부분의 평가기관에서는 그들의 평가 방법을 찾을 수 없거나 일부만 공개하고 있습니다.

CHAPTER

2

ESG: Sustainability, SDGs & ESG

1. 지속가능성 및 지속가능개발
2. 환경사회지배구조(ESG)

Preview & Keywords

1. 지속가능성 및 지속가능개발
2. 지속가능발전목표(SDGs)
3. 환경사회지배구조(ESG)
4. ESG BP(기업): 지속가능한 플라스틱 관리방안

1 지속가능성 및 지속가능개발

(1) "*The Limits to Growth*"

인류가 지구를 벗어나 달착륙을 꿈꾸는 등 무한발전의 꿈이 지구를 뒤덮고 있던 1968년, 이탈리아의 사업가 아우렐리오 페세치(Aurelio Peccei)의 주도로 급속한 공업화가 환경오염을 유발한다는 인식에서 출발하여 '지구의 한계'라는 문제의식을 느낀 유럽의 경영자, 과학자, 교육자 등이 로마에 모여 회의를 열었다. 이를 로마클럽(Club of Rome)이라고 하며, 로마클럽은 '인류의 위기에 관한 프로젝트(Project on the Predicament of Mankind)'를 시작했다.

이 프로젝트는 당시 MIT 교수였던 포레스터(Jay W. Forrester) 교수에게 맡겨졌고, 그는 제자를 공동연구자로 한 '시스템 다이내믹스 그룹(System Dynamics Group)'에게 이 연구를 맡겼다. 이들은 100년 후의 미래를 예측하였으며 "지금과 같은 추세로 세계 인구와 산업화, 오염, 식량생산, 자원 약탈이 변함없이 지속된다면 지구는 앞으로 100년 안에 성장의 한계에 도달할 것이다"는 내용의 〈성장의 한계, 인류의 위기에 관한 로마 클럽 프로젝트 보고서(The Limits to Growth, A Report

그림 2.1 The Limits to Growth
(자료: Club of Rome)

for the CLUB OF ROME's Project on the Predicament of Mankind)〉를 로마클럽에 제출한다. 이 내용을 정리하여 출판한 책이 《The Limits to Growth(성장의 한계)》이다. 이 《성장의 한계》의 업적으로는 '위기에 대한 인식과 공감'도 중요하지만, 이에 대한 대안으로 제시되는 '지속가능성(Sustainability)'의 중요성을 부각시켰다는 점도 주목할 만하다(The Club Of Rome, 2024).

'지속가능성'이란 생태계가 미래에도 유지할 수 있는 제반 환경으로 미래 유지 가능성, 'Ability to Sustain'을 의미한다. 이 용어는 《성장의 한계》에서 처음 등장한 이후 경제·경영, 기후·환경, 국가 정책 등 전반적인 인간활동에서 광범위하게 사용되고 있다.

(2) 지속가능한 개발(Sustainable Development, SD)

1983년 UN 총회를 통해 환경을 보전하면서 지속적으로 개발을 해나가는 방법을 모색하기 위한 세계환경개발위원회(World Commission on Environment and Development, WCED)가 출범했다. 이 위원회는 의장이었던 당시 노르웨이 총리의 이름을 따 '브룬트란트 위원회(Brundtland Commission)'로도 알려졌다. '지속가능한 개발'이라는 개념은 1987년 10월, 브룬트란트 위원회가 발표한 보고서 〈우리 공동의 미래(Our Common Future)〉에서 처음으로 명확히 정의되었다. 이 개념은 현세대의 개발 욕구를 충족시키면서도 미래 세대의 개발 능력을 저해하지 않는 환경친화적 개발을 의미한다. 보고서에서는 지속가능성을 사회, 환경, 경제의 세 개의 범주(Pillar)로 구분한다.

(3) 지속가능발전목표(SDGs)

1992년 6월, 브라질 리우데자네이루에서 열린 UN 지구정상회의(Earth Summit)에서 114개국 정상과 186개국 정부 대표단이 참여하여 인류의 삶을 개선하고 환경을 보호하기 위한 지속가능한 개발의 글로벌 파트너십 구축에 동의했다. 이어 2000년 9월, 회원국들은 밀레니엄 정상회의(UN Millennium Summit)에서 만장일치로 밀레니엄 선언을 채택했으며, 이 회의를 통해 2015년까지 극심한 빈곤을 줄이기 위한 8개의 새천년개발목표(Millennium Development Goals, MDGs)를 구체화했다.

2015년 1월, UN 총회는 MDGs 이후의 개발 의제에 대한 협상 과정을 시작했다. 같은 해 9월, 제70차 UN 총회에서 2030 지속가능발전 의제가 채택되어 현재와 미래의 인류와 지구를 위한 평화와 번영을 위한 공동의 청사진을 제시했다. 그 중심에는 선진국과 개발도상국을 막론하고 모든 국가가 글로벌 파트너십을 통해 시급히 실천해야 할 지속가능발전목표(Sustainable Development Goals, SDGs)가 있다. SDGs는 '어느 누구도 뒤처지지 않게한다(Leave No One Behind)'는 슬로건과 함께

그림 2.2 UN The 17 Goals(UN SDGs)
(자료: United Nations Sustainable Development Goals
(https://www.un.org/sustainabledevelopment))

인간, 지구, 번영, 평화, 파트너십이라는 5개 영역에서 인류가 나아가야 할 방향성을 17개 목표와 169개 세부 목표로 제시한다. 이들은 빈곤을 종식시키기 위해서 건강과 교육을 개선하고, 불평등을 줄이고, 경제 성장을 촉진하는 동시에 기후변화에 대처하고 바다와 숲을 보존하는 전략이 병행되는 것을 추구한다.

(4) 문화예술에서의 지속가능성

문화예술 분야에서도 지속가능성과 이를 실현하기 위한 SDGs의 17개의 목표에 대한 논의가 꾸준히 이어져 오고 있다. 국내외 미술관이나 박물관에서는 지속가능성을 주제로 하는 작품과 전시회를 어렵지 않게 접할 수 있다. 대표적으로 베트남의 건축가 '돈 탄 하(Đoàn Thanh Hà, 1979~)'의 〈물 위의 대나무집〉이라는 작품이 있다. 베트남 출신의 건축가가 실제 베트남 남부 메콩강 삼각주 지역 주민을 위해서 고안한 주택으로, 지속가능성이 높은 작품 중 하나로 여겨진다. 메콩강 지역은 기후변화로 인해 해수면이 빠르게 상승하여 수백만 명의 저소득층 주민들의 터전이 위협받고 있는 곳으로 해수면이 1미터 상승하면 이 지역의 50%가 침수될 수도 있다는 최악의 시나리오가 제기되기도 했다. 작품을 좀 더 들여다보면, 이런 기후 리스크에 대응하기 위해 작가는 메콩강 지역 내에서 손쉽게 구할 수 있는 대나무를 주재료로 수상 가옥을 제안하였고 무엇보다 재활용이 가능한 플라스틱병을 사용하여 재료의 지속가능성을 추구하였다. 메콩강은 플라스틱 오염이 심해서 각종 국제기구와 환경단체들이 플라스틱 쓰레기를 적극적으로 수거하는 곳으로, 돈 탄 하의 수상 가옥은 실현 가능성과 지속성이 모두 높다고 할 수 있다.

이어서 리움미술관의 기획전시장 입구 슬로프에 설치되었던 '켄고 쿠마 어소시에이츠(Kengo Kuma and Associates)'의 〈SU:M〉이라는 작품을 살펴보겠다. 일본 건축가인 '쿠마 켄고'는 전통 건축과 자연친화적 재료를 21세기적으로 재해석하며 건축계의 변화를 이끌고 있는 현대건축의 거장이다. 이 작품은 공기 오염을 흡수하는 신소재 패브릭을 사용해 만들어졌다. 또한, 일본의 전통 종이접기 방식인 오리가미를 활용하여 작품의 표면적을 넓혔다. 이러한 구조 덕분에, 이 작품은 자동차 9만 대가 뿜어내는 휘발성 유기 화합물(Volatile Organic Compounds, VOC)을 흡수할 수 있는 능력을 가진다.

우리나라 작품으로는 연진영 작가의 〈패딩기둥〉이 있다. 〈패딩기둥〉은 리움미술관의 기둥 전체를 패딩이 덮고 있는 모양이다. 연진영 작가는 버려지거나 가치를 잃은 것들을 업사이클링 하는 방법과 전시가 끝난 뒤 작품이 해체되는 과정에서의 지속가능성에 대해 많이 고민했다. 창작자로서 무언가를 쉽게 사용하고 버리는 행위에 대한 문제의식을 가져왔던 연진영은 기존 재료를 해체, 재조합 하는 과정에서 새로운 기능과 가치를 부여하고 지속가능한 디자인의 가능성을 실현했다. 우리는 회색 패딩 점퍼를 보면서 과잉 생산, 소비, 폐기의 문제를 생각할 수 있다. 패스트 패션의 확산으로 연간 6천만 톤 이상의 의류와 신발이 생산되고 이 중 70%는 폐기(조선일보, 2020)되는 악순환에 대해 한 번 더 고민해 봐야 한다. 〈패딩기둥〉에 쓰인 패딩 300벌은 전시 이후 기부되어 인도적인 목적으로 사용되었다.

기업들도 작품 전시를 통해서 자사의 지속가능경영에 대한 메시지를 전달한다. 삼성전자는 2022년 'The Wave: 순환의 물결'이라는 전시회를 진행했다. 전시회는 모바일 제품 개발 시 발생하는 알루미늄과 그라파이트 부산물을 활용해 일상과 미래에 대한 메시지를 담은 〈흔적(The Footprint)〉, 제품 포장재와 바다에 버려진 폐어망으로 파도를 형상화한 〈푸른 물결(Wavy Blue)〉, 재생 플라스틱을 녹여 3D 프린팅으로 제작한 오브제들을 통해 다양한 개성을 표현한 〈새로운 미래(Modern Wave)〉 등 3개 작품으로 구성되어 있었다. 삼성전자는 전시 소개를 통해 "무심결에 거듭해 왔던 일상적 행위에 순환의 과정을 더해 지속가능한 미래로 나아가려는 삼성전자의 고민과 노력을 담아낸 전시"라고 설명했다. 롯데케미칼은 같은 해 'Every Step for Green'이라는 자사의 슬로건을 걸고 전시회를 열었다. 재활용이 가능한 자체개발 HDPE 소재로 만든 보트 〈가능성(Possibility)호〉, 일회용 포장재를 줄이기 위해 재활용 가능한 EPP 소재로 만든 초경량 아이스박스 〈띵박스(Thing Box)〉 등을 전시하면서 자사의 자원 선순환 활동과 수소, 전지 등 미래 사업의 로드맵을 소개했다. 이렇게 많은 기업이 환경과 관련하여 플라스틱이나 네이처 포지티브를 주제로 전시회를 열어 자사의 경영철학을 담은 브랜딩을 이어가고 있다.

(5) 한국의 SDGs

유엔은 국가별로 SDG 달성 정도를 평가한다. 이를 위해 SDG 대시보드를 통해 17개 각 SDG에 대한 세부 평가 항목들을 공개하고 있다. 2024년 평가 결과에 따르면 핀란드, 스웨덴, 덴마크, 독일과 같은 여러 유럽 국가가 높은 순위를 차지한 반면, 한국은 순위가 존재하는 167개 국가 중 33위에 머무르고 있다. 한국의 낮은 순위는 주로 환경 이슈에 대한 상대적으로 낮은 점수에서 기인한다(The SDGs and the UN Summit of the Future, 2024).

특히 물, 육상 생태계, 토양 분야에서 낮은 점수를 받았으며, 환경 지표를 평가하는 글로벌 기관들에 의해 한국이 100위 밖으로 밀려나는 경우도 많다. 이러한 상황을 개선하기 위해서는 클린테크, 기후테크, 환경테크와 같은 분야에 대한 투자와 관심이 필요하다. 이는 환경 분야에서의 글로벌 경쟁력을 강화하는 데 중요한 요소가 될 것이다.

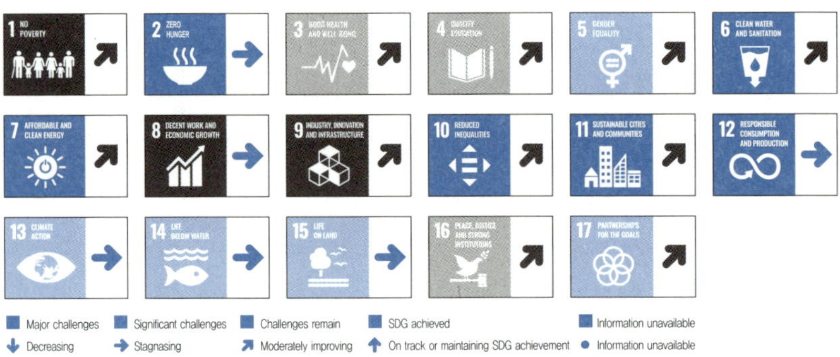

그림 2.3 2024 UN SDGs Performance of Korea, Republic of.
(자료: Sustainable Development Report 2024)

2 환경사회지배구조(ESG)

(1) SDG vs ESG

ESG 경영이란 기업이 지속가능한 성장을 위해 경제적 수익성뿐만 아니라, 사회적 책임, 환경적인 위험요소를 고려하여 지속적으로 기업 가치를 높여 나가는 경영활동이다. 자사의 ESG 성과를 데이터에 기반하여 공시하고 있으며 대외 지속가능성 평가에 주로 활용되고 있다. 지속가능성이라는 큰 범주 안에서 ESG는 3개의 렌즈로, SDG는 17개의 렌즈로 세상을 바라본다. 같은 범주에 속해 있기 때문에 ESG와 SDG는 서로 연결되어 있다. Environmental(환경) 범주에서 중요하게 생각하는 수자원은 SDG 6번(깨끗한 물과 위생 보장, Clean Water and Sanitation)과 관련이 있다. 물은 일부 지역에서는 환경문제에 국한되나 아프리카와 같은 곳에서는 사회문제로 인식될 수 있기에 SDG 6번은 다시 Social(사회) 범주에도 연결된다. 이처럼 보는 관점에 따라서 17개의 SDG는 ESG와 상호 연관이 되어 있으나, 각 범주 및 주제별로 일대일 대응은 아닐 수 있다.

(2) 중대성 평가와 연계된 리스크 관리

LSEG Data & Analytics, MSCI, S&P Global 등 각기 다른 평가기관들은 저마다의 평가 기준을 가지고 있지만 공통적인 기준도 갖고 있다. 플라스틱 폐기물의 공통 평가 기준은 'Packaging', 즉 포장재다. 예를 들어, 코카콜라는 전 세계에서 플라스틱 오염을 많이 시키는 기업 중 하나지만 코카콜라의 지속가능성 전략 및 실적은 높은 평가를 받는다. 그 이유는 코카콜라의 지속가능경영보고서에서 확인할 수 있다. 코카콜라는 수년 전부터 중대성 평가를 통해 포장재와 물, 두 가지를 기업과 이해관계자 모두의 관점에서 가장 중요한 이슈로 생각해 왔다. 지속가능한 플라스틱 관리에 대한 문제를 기업 차원의 노력만으로 충분히 해결할 수 있다고 생각한 코카콜라는 디자인과 수거에 많은 지분을 투자해 왔고, 현재 높은 평가를 받고 있다. 코카콜라처럼 수년간 일정한 기준에 따른 중대성 평가를 통해 일관성 있는 리스크 관리를 하는 것이 중요하다. 산림을 파괴하는 기업이 해양오염을 방지하기 위한 활동에 힘을 쏟으면 안 된다는 것이다.

기업이 속한 사업분야별로 환경 이슈에 대응해야 하는 핵심 이슈는 일부 정해져 있다. 글로벌 철강회사라면 우선 공정에서 발생하는 이산화탄소 배출을 줄이는 데 최선을 다해야 하고, 그다음으로 생태계 파괴와 토지 황폐화에 대한 영향을 줄인 뒤 물 관리에 힘써야 한다. 수많은 글로벌 기업이 각 사업 영역에서 직면한 주요 이슈를 분석하고, 이에 따라 자사의 중대성 평가가 적절히 이뤄졌는지를 확인해야 한다.

CHAPTER

3

ESG: 기후리스크

1. 기후위기
2. 그린워싱
3. 주요 환경 이슈
4. Pure System

Preview & Keywords

1. 기후위기: 1.5℃ 및 2℃ 시나리오
2. 기후위기와 ESG: 금융리스크 측면에서
3. 그린워싱: 카본워싱 vs 플라스틱워싱
4. 주요 환경 이슈: 기후변화 vs 생물다양성
5. 생물다양성: TNFD+Pure System

1 기후위기

(1) 기후위기

2021년 12월 말레이시아에서는 전례 없는 폭우가 발생했다. 100년 만의 기록적인 폭우로 12월 18일 하루 만에 한 달 평균치 이상의 비가 쏟아진 것으로 집계되었다. 이 폭우로 인해 최소 54명이 사망하고 2명이 실종되었으며, 약 1조 7,600억 원의 경제적 피해를 보았다. 같은 해 9월, 미 동부 지역은 허리케인 아이다로 대규모 홍수 피해를 겪었다. 아이다의 최대 풍속은 시속 240km에 달했으며 뉴저지주에서는 최소 27명, 뉴욕주에서는 16명이 사망했다. 캐시 호컬 뉴욕 주지사는 “하늘이 열리고 나이아가라 폭포 수준의 물이 쏟아질 줄 몰랐다”고 말하며 “전례 없는 일이지만, 다음엔 예상할 수 있어야 한다”고 당부했다. 2021년 7월 말, 그리스에는 기록적인 폭염으로 산불이 잇따라 발생했으며 이는 튀르키예와 이탈리아 등 남유럽 국가에도 이어지면서 피해가 속출했다. 이처럼 무시할 수 없는 규모의 자연재해들이 세계 곳곳에서 계속 일어나고 있다.

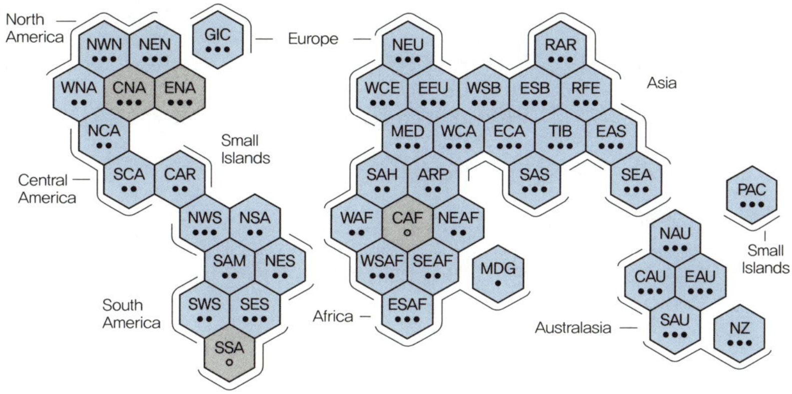

그림 3.1 Synthesis of assessment of observed change in hot extremes and confidence in human contribution to the observed changes in the world's regions (자료: Clarke, Ben, et al. 'Extreme weather impacts of climate change: an attribution perspective.' Environmental Research: Climate 1.1 (2022): 012001.)

지구가 온난해지고 기후가 변화하는 이유에 대한 논쟁이 계속되는 가운데 최근 IPCC(Intergovernmental Panel on Climate Change, 기후변화에 관한 정부간 협의체) 보고서에서는 그 원인을 인간의 영향이라고 밝혔다. 지난 5차 평가보고서에서 지구 온난화는 명백한 사실이라는 관점에서 한발 더 나아가 그 원인이 인간에게 있음을 명확히 한 것이다. 〈그림 3.1〉은 IPCC가 발표한 전 세계의 폭염 변화에 대한 인간의 기여도를 나타낸 지도이다.

색이 칠해진 육각형은 폭염이 심해진 지역을 의미하며 육각형 안에 보이는 점은 관찰된 변화가 인간에 의한 것이라는 확신의 정도를 나타낸다. 대부분의 지역이 점 3개로 표시되어 있으며 폭염이 증가하는 것은 인간의 활동이 원인임이 명확하다는 것을 보여준다. 2022년 여름, 네이처 지는 헤드라인으로 폭염, 산불 등 기후 리스크를 주 내용으로 다뤘다. 폭염은 전 세계의 운송, 물류, 도시 경제에 영향을 미쳤고 미국에서만 당시 약 130조의 손실이 발생했다. 이렇게 기후변화로 인한 물리적인 피해를 물리적 위험(Physical Risks)이라고 한다. 폭염 이외에도 산불, 홍수, 한파, 허리케인, 해수면 상승, 물 부족 스트레스 등이 7가지 물리적 위험에 포함된다.

지구 평균 기온이 1.5℃ 증가할 때와 2℃ 증가할 때, 그 차이는 굉장히 크다. 기온이 1.5℃ 상승했을 때 10년에 한 번꼴로 발생하는 폭염은 네 배 증가하며, 50년에 한 번 발생하는 폭염은 무려 아홉 배 가까이 증가하게 된다. 반면 2℃ 상승 시에는 10년에 한 번 발생하는 폭염은 약 여섯 배, 50년에 한 번 발생하는 폭염은 열네 배 증가할 것으로 예상된다. 이제 기후변화의 물리적 위험을 제대로 예측하지 못하거나 대응하지 못한다면 기업과 도시의 생존이 위협받을 수 있다. 물리적 위험이 기업의 생존에 직결된다는 인식이 확산된 이후 글로벌 투자자들은 기업의 TCFD 보고서를 찾기 시작했다. 또한 지속가능경영보고서 외에 CDP 탄소 배출 보고서, CDP Water Security, CDP Forests 보고서를 요구하는 투자자들이 증가하고 있다.

한편, IPCC는 “2020년까지 시행된 정책들을 보면 2030년에는 국가온실가스감축목표(NDC)에서 명시한 것보다 더 많은 온실가스가 배출될 것으로 분석된다”며 “정책을 강화하지 않으면 2100년에는 지구 온도가 산업화 시기보다 3.2℃ 올라갈 것으로 예상된다”고 경고했다. 산업 부문에서는 온실가스 감축을 위해 수요 관리, 에너지 및 자재 효율성, 순환 자원 흐름, 저감 기술, 생산 공정의 혁신적 변화 등의 노력이 필요하다.

(2) 기후위기의 금융적 측면

2023년 11월 발간한 ESG 금융백서에 따르면 한국의 ESG 금융 규모는 투자, 채권, 대출, 금융 상품을 포함 약 1,098조 원이며, 전 세계 투자자의 83%가 기업의 내재 가치를 평가할 때 지속가능성 정보를 반영하고 있다고 답했다(Deloitte, 2024). 최근 투자자와 기업의 관심도를 고려한다면 2030년 전 세계 ESG 투자 자산은 약 130조 달러 한화로 약 14경 8,200조 원까지 늘어날 전망이며, 이는 전 세계 투자자산의 95%에 해당하는 규모로 거의 모든 투자에서 ESG를 고려하게 된다는 것이다. 2023년 기준 한국의 명목 GDP 규모가 2,401조 원(통계청, 2024)임을 감안할 때 앞으로 글로벌 투자를 받기 위해서 기업은 필수적으로 ESG 경영을 해야 한다. ESG에 대한 불확실성과 회의적인 시각도 분명 존재하지만 130조 달러라는 상상하기도 어려운 규모의 '글로벌 머니'를 놓치지 않기 위해 기업은 변화가 필요하다.

글로벌 투자자들은 진정성 있는 ESG 사업에 투자하기 위해 무늬만 ESG인 기업과 그러한 기업이 영위하는 사업들을 정수기 필터와 같이 걸러낼 수 있는 장치가 있어야 할 필요성을 느꼈고, 이런 목적으로 그린 택소노미(Green Taxonomy: 친환경 분류체계)가 만들어졌다. EU는 기업의 그린워싱(Greenwashing)을 찾아내고 친환경 경영을 독려하기 위한 분류체계를 제정했고, 택소노미로 인해 친환경 활동이라는 기준이 명확해지면 기업 입장에서도 ESG 경영 목표 설정과 성과 관리를 한결 수월하게 할 수 있게 되었다. 한국 정부도 이러한 EU의 택소노미와 같은 맥락에서 2021년 'K-택소노미(K-Taxonomy: 한국형 녹색분류체계)'의 가이드라인을 발표했다. 여기에는 온실가스 감축, 기후변화 적응, 물의 지속가능한 보전, 자원 순환, 오염 방지 및 관리, 생물다양성 보전 등 6대 환경목표 달성에 기여하는 녹색경제활동 기준이 담겨있다. 글로벌 기업들은 K-택소노미뿐만 아니라 EU의 그린 택소노미, 관련된 프레임워크를 꾸준히 지켜보는 것이 중요하다.

지난 몇 년간 신재생에너지, 배터리, 전기차 등 기후변화 대응과 관련된 산업에 속한 기업들의 가치는 꾸준히 상승해 왔다. 특히 미국의 전기차 기업 테슬라는 전기차와 에너지 저장 시스템 분야에서 선두주자로 자리 잡으며 시장에서 중요한 위치를 차지하고 있다. 이는 기후변화 대응을 위한 전기차 산업의 중요성이 부각되었기 때문이라고 볼 수 있다. 그러나 2024년 미국 대선에서 도널드 트럼프가 당선되면서 기후변화 정책의 방향성에 대한 불확실성이 커지고 있다. 트럼프는 과거 행정부 시절 파리협정 탈퇴를 선언하며 기후변화 대응에 소극적인 태도를 보였던 만큼, 그의 당선은 청정에너지와 전기차 전환 정책 및 산업 트렌드에 큰 변화를 불러일으킬 것으로 보인다.

한편, 생물다양성 분야에서도 중요한 진전이 있었다. 2022년 캐나다 몬트리올에서 열린 제15차 생물다양성협약 당사국 총회(COP15)에서는 '쿤밍-몬트리올 글로벌 생물다양성 프레임워크(Global Biodiversity Framework, GBF)'가 채택되었다. 이 프레임워크는 2030년까지 전 세계 육지와 해양의 최소 30%를 보호구역으로 지정하고 관리하는 '30×30 목표'를 포함하며, 생물다양성 손실을 막고 복원을 촉진하기 위한 23개의 실천 목표를 제시했다. 또한, 기업들에게 생물다양성에 대한 의존성과 영향을 평가하고 공개하도록 요구하며, 지속가능한 경영을 강화하도록 유도하고 있다. 더 나아가 2024년 두바이에서 열린 COP28에서는 기후변화와 생물다양성 문제 간의 연계성을 더욱 강조하며, 자연 기반 해법(Nature-based Solutions)을 통해 생태계 복원과 탄소중립 목표를 동시에 달성하려는 국제적 합의가 이루어졌다. 이러한 글로벌 목표들은 기업들에게 새로운 리스크와 기회를 동시에 제공하며, 지속가능성을 핵심 전략으로 삼는 것이 더욱 중요해지고 있다.

기후변화가 유발되면 크게 두 가지 종류의 기후 리스크, 즉 전환 위험(Transition Risk)과 물리적 위험(Physical Risk)이 발생한다. 전환 리스크란 1.5도 목표 달성에 따라 정책과 기술에 변화가 생기고 소비자의 소비성향과 사회경제적 시스템이 변화하면서 생기는 위험을 말한다. 변화에 얼마나 유연하게 대응할 수 있는지에 따라 성장하거나 추락하는 기업이 발생할 수 있다. 물리적 리스크는, 앞서 잠깐 언급했듯, 대응을 하지 못했을 때 물리적인 피해가 발생하는 것을 의미한다. 장기적으로는 온도 변화와 가뭄을, 단기적으로는 여름의 집중호우, 태풍 등 지금 우리가 겪고 있는 물리적 리스크가 발생하게 된다. 물리적 리스크에 적절히 대응하지 못한다면 폭우로 인해 사업장이 침수되거나 폭염으로 인

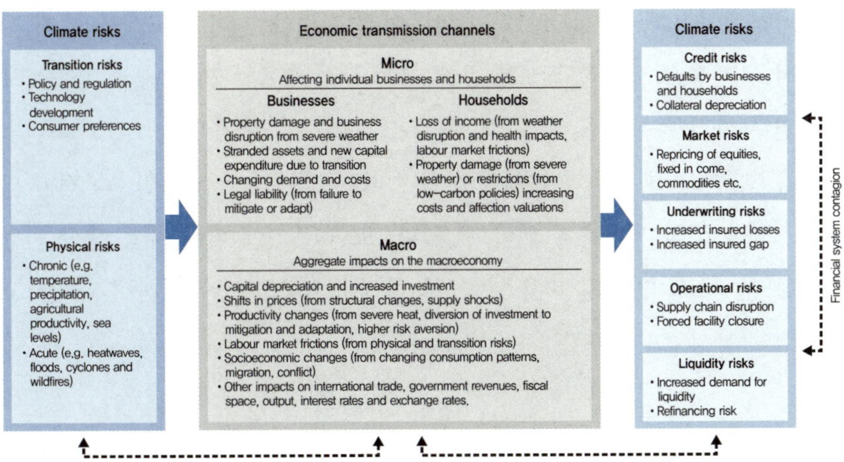

그림 3.2 Transmission channels from climate risks to financial risks (NGFS, 2020a)

해 사업장 주변의 온도가 급격히 올라가 피해를 입을 수 있다. 이런 현상은 미시적 관점에서 볼 때 기업의 자산, 자금조달 등에 영향을 미치고 가정에도 영향을 주게 되며, 거시적 관점에서는 자본 활용도가 감소하고 우리나라 전체의 사회경제 시스템에 영향을 준다. 실물 경제에도 큰 영향을 미치게 되면서 금융에도 그 영향이 나타난다. 〈그림 3.2〉는 NGFS(Network for Greening the Financial System, 녹색금융협의체)에서 발표한 도표이다.

NGFS는 전 세계 중앙은행과 금융감독 기구들이 모여서 만든 이니셔티브로 기후변화가 금융의 안정성을 해칠 수 있다고 본다. 도표에는 두 종류의 기후 리스크가 다섯 가지의 금융 리스크에 영향을 미칠 수 있음을 나타낸다.

2022년 연결 기준 매출액 200대 국내 기업 중 162개 기업(81.0%)이 지속가능경영보고서를 발간하였고, 2013년 14건 대비 약 11.5배 증가하였다. 산업별로는 제조업이 48.9%로 가장 높은 비중을 차지한다(한국경제인협회, 2024). 특히, 국내 여러 기업들은 이 보고서를 통해 자사의 기후 리스크 민감도를 공개한다. 삼성 SDI의 2024년 보고서를 보면 자사의 온실가스 배출 전망과 온실가스 배출권 거래제, EU 배터리법 등, 기후 관련 정책과 규제의 변화에 따른 자사의 위험 요인, 즉 전환 리스크를 분석한 것을 확인할 수 있다. 또한 폭염에 따른 제품 생산을 위한 운영 조건, 유지 비용 상승 등 물리적 리스크도 분석하여 대비하고 있다(삼성SDI, 2024).

2 그린워싱

(1) 'Carbon Washing is the new greenwashing'

Air company는 'AIR VODKA'를 출시하였는데, 이는 전 세계 최초로 시판되는 탄소 네거티브 위스키라고 홍보되고 있다. 제조사 측은 공기에서 포집한 이산화탄소를 사용하여 알코올을 만들어 병 안에 담았다고 주장한다. 처음 들었을 땐 설득력이 있어 보이지만 술을 마시기 위해 병을 열면 탄소는 다시 공기 중으로 빠져나간다. 기후변화에 대한 우려가 커지면서 기후변화 문제를 해결하고 있다는 의심스러운 주장을 하는 기업이 증가하고 있다. 이런 기업들은 자사와 자사의 제품을 친환경적으로 포장하기 위해 애매한 표현을 쓰거나 의미가 없는 용어를 사용하여 소비자들을 현혹한다. 기후변화와 ESG 경영에 세계의 이목이 쏠리고 있는 상황에 편승하려는 것이다. 몇 년 전만 해도 유행했던 '생분해성', '퇴비화 가능', '순환형', '해양 플라스틱'과 같은 용어들은 이제 '기후 중립', '탄소 네거티브', '넷제로'와 같은 문구로 대체되고 있다. 특히, '탄소 포지티브' 등의 낯선 용어들은 새 건물과 제품이 대기 중으로의 탄소 배출에 전혀 기여하지 않거나 심지어 탄소를 줄이는 데 도움이 된다는 인상을 주기 위해 고안되고 있다. 이런 문구나 단어들은 대중의 혼동을 일으키고 잘못된 정보를 전달하여 오도할 여지가 크다. EU나 국제기구들은 의도치 않은 혹은 의도적인 그린워싱을 제재하기 시작했고 그린워싱(Greenwashing) 여부를 판단하기 위한 상세한 가이드라인이 나오고 있다.

카본워싱(Carbon Washing)은 기업이 탄소 배출에 대해서 의도적이거나 비의도적으로 그릇된 데이터를 만들거나, 일부 데이터를 조작하는 것을 말한다. 기업의 카본워싱으로 인해 투자자들이나 이해관계자들이 자사의 탄소 배출에 대해서 불명확하게 이해하게 되는 경우가 생긴다. 이에 대응하고자 스탠포드 대학은 카본워싱과 관련된 제재를 제안했고, IPCC가 이를 채택하여 기후변화 탄소 배출과 관련된 11개의 기준에 충족시키지 못하는 기업의 탄소 배출에 대한 설명은 카본워싱으로 분류된다. 플라스틱워싱은 기업의 플라스틱 사용에 대한 데이터를 조작하는 것으로, 이를 과학적으로 찾아내는 표준화된 방법들이 제시되고 있다. 최근 생분해 플라스틱에 대한 관심이 높아지고 신규 플라스틱 소재를 합성하고 대량 생산하는 기술이 소개되고 있을 무렵, 국내 여러 기업의 지속가능경영보고서에는 '환경에서 완전 생분해가 된다'는 표현을 쉽게 볼 수 있었다. 환경을 구성하는 요소에는 토양 환경, 물 환경, 대기 환경 등이 있기 때문에 해당 표현 속 '완전 생분해'라는 것은 토양 안에 들어갔을 때나 공기 중에 놓아두었을 때도 완전히 분해되는 것을 말한다. 하지만 기업들이 실제로 진행한 생분해 실험에서의 환경은 해양이라는 매체에 국한되어 있거나 일부 아주 기계적인 퇴비화 조건에서 진행되었으며 환경의 구성 요소 중 부분적으로만 충족시켰기 때문에, 이 실험의 결과로는 '환경 중 생분해'를 증명할 수가 없다. 기업의 지속가능경영보고서의 경우 국문뿐 아니라 영문판도 함께 발간되어 전 세계 다양한 이해관계자들에게 정보를 제공하며 특히 카본워싱 관련 규제가 강한 해외에서는 '워싱' 논쟁의 여지가 있을 수 있으므로 주의를 기울여야 할 필요가 있다.

3 주요 환경 이슈

(1) 생물다양성

기업의 비즈니스와 가장 가깝게 연결된 환경 이슈는 산업 분야의 온실가스 배출 및 대기오염일 것이다. 또한 극한 기후로 인한 기업의 리스크와 기업 활동으로 인한 해양오염도 주요 환경 이슈 중 하나이다. 이런 여러 환경 이슈 중 최근 각광받고 있는 것은 생물다양성 손실이다. 〈그림 3.3〉은 세계경제포럼의 'The Global Risk Report 2021'에 실린 설문조사 결과로 가로축은 가능성, 세로축은 영향을 나타낸다. 설문조사에서 기업의 리더들은 향후 10년간 발생할 가능성이 있는 각각의 글로벌 리스크를 1점부터 5점으로 평가했다. 1점은 발생 가능성이 매우 낮은 위험을, 5점은 발생 가능성이 매우 높은 위험을 나타낸다. 동시에 설문 참여자들은 각각의 글로벌 리스크의 영향도 같은 방법으로 평가했다. 다시 말해, 그래프에서 점이 오른쪽 위에 위치할수록 기업의 리더들은 해당 글로벌 리스크가 일어날 가능성이 높고 그 영향이 크다고 판단한 것이다. 오른쪽 위에 분포하고 있는 회색 점들은 모두 환경과 관련된 리스크들이며 그중 하나는 생물다양성 손실이다. 기업의 리더들이 생물다양성 손실을 기후변화만큼 혹은 그 이상으로 더 중요하게 생각하고 있음을 알 수 있다.

또한 세계경제포럼은 설문조사를 바탕으로 10년간의 글로벌 장단기 리스크를 매년 선정하여 보고서에 포함하고 있다. 'The Global Risk Report 2024'에서 2024년 글로벌 장기 리스크 상위 10개를 선정하였으며, 이 중 절반이 E, S, G 중 환경(E) 분야 리스크에 해당하고 생물다양성 이슈는 3위이다. 이는 'The Global Risk Report 2023'와 비교하

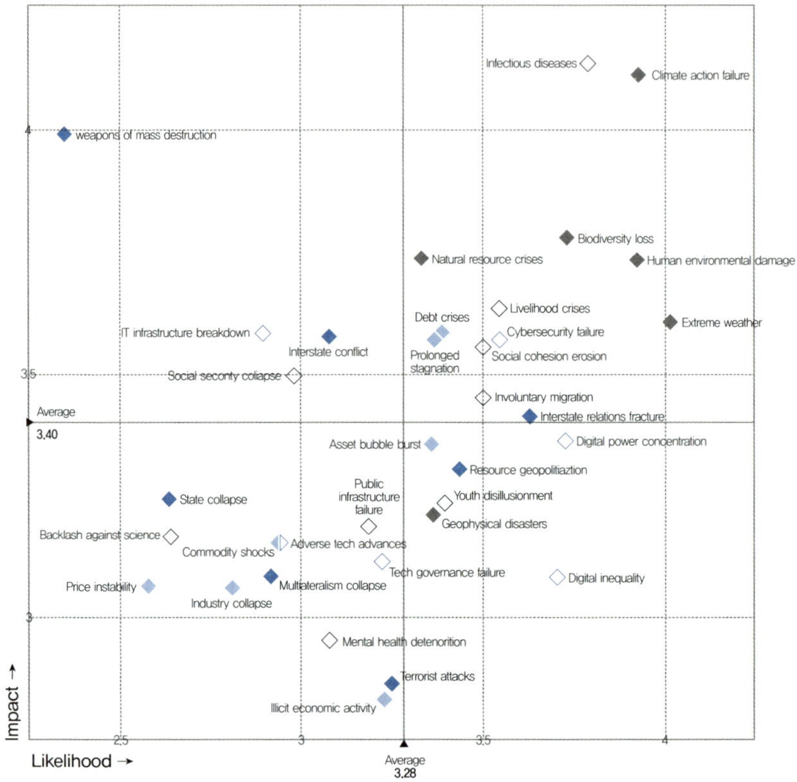

그림 3.3 Global Risk Landscape
(자료: WEF, 2021)

여 한 계단 상승한 결과이며 이러한 변화는 생물다양성의 중요성에 대한 인식이 전 세계적으로 증가하고 있음을 보여준다(World Economic Forum Global Risks, 2024).

(2) 포스코의 사례

2019년 인도네시아 현지 단체들은 포스코인터내셔널, 지분 투자를

표 3.1 2023~2024년 장기간(10년)의 글로벌 리스크 상위 10위

	Issue	Risk Categories
1	Extreme weather events	Environmental
2	Critical change to earth systems	Environmental
3	Biodiversity loss and ecosystem collapse	Environmental
4	Natural resource shortages	Environmental
5	Misinformation and disinformation	Technological
6	Adverse outcomes of AI technologies	Technological
7	Involuntary migration	Societal
8	Cyber insecurity	Technological
9	Societal polarization	Societal
10	Pollution	Environmental

자료: Global Risks Report 2024(WEF)

한 국민연금공단, 자금융자를 제공한 한국수출입은행을 상대로 이의신청을 제기했다. 포스코인터내셔널이 인도네시아 파푸아주에 팜유 농장을 건설·운영하면서 산림이 파괴되고 인근 비안강 수질이 악화되는 등 OECD 다국적기업 가이드라인을 위반했다는 판단에서다. 포스코인터내셔널에 피해자 구제와 사전 주민 동의, 물에 대한 권리 보호 대책 등을 촉구하였고, 포스코인터내셔널에 투자한 국민연금에 대해선 "기관투자자로서 투자 결정이 미칠 영향을 고려하지 않았다"며 "국민연금은 사업 과정에서 발생하는 인권 · 환경 문제에 관여하고, 해외 투자정책에 이에 대한 대책을 반영할 필요가 있다"고 지적했다.

인간의 인위적인 활동으로 인해 토지이용변화에 따른 온실가스 흡수량·배출량을 산출하기 위하여 규정한 정의·방식·규칙을 'Land Use Change'라고 한다('탄소흡수원 유지 및 증진에 관한 법률', 2024). 이

표 3.2 2022~2023년 장기간(10년)의 글로벌 리스크 상위 10위

	Issue	Risk Categories
1	Failure to mitigate climate change	Environmental
2	Failure of climate-change adaptation	Environmental
3	Natural disasters and extreme weather events	Environmental
4	Biodiversity loss and ecosystem collapse	Environmental
5	Large-scale involuntary migration	Societal
6	Natural resource crises	Environmental
7	Erosion of special cohesion and societal polarization	Societal
8	Widespread cybercrime and cyber insecurity	Technological
9	Geoeconomic confrontation	Societal
10	Large-scale environmental damage incidents	Environmental

자료: The Global Risk Report 2023

과정에서 엄청난 양의 탄소가 발생하고 생태계가 파괴될 수 있다. 특히, 포스코인터내셔널의 사례와 같이 숲을 경작지로 바꾸기 위해서는 나무를 모두 베고 불을 놓아야 한다. 게다가 엄청난 양의 비료도 투입된다. 비료로 인한 탄소 배출은 미미할 수 있지만 질소를 포함하기 때문에 다른 형태의 온실가스를 발생시킬 가능성이 있다. 반대로, 포스코에서 나오는 철강 부산물을 농경지에 투입하면 메탄가스 배출을 줄일 수 있는 긍정적인 영향도 있다. 기업은 자사의 활동이 온실가스 배출이나 생태계 파괴 등에 영향을 미치는지 파악해야 할 필요가 있다. 대기, 토양, 해양 환경 중 어떤 환경에 영향을 미쳤는지, 혹은 토양 환경이라면 토지의 용도를 변경한 것 때문에 문제가 발생했는지를 정확히 알아야 한다. 그 후 자사가 낳은 결과에 대한 책임을 질 수 있는 효율적인 ESG 활동을 하는 것이 중요하다. 불가피하게 산림파괴가 일어

났으면 Land Use Change와 관련된 ESG 활동을 하는 것이 맞다. 만약, 해양의 생물다양성 보존 활동을 한다면 그것은 적절하지 않다. 포스코홀딩스는 기후위기 대응과 함께 생물다양성 보존을 다음 과제로 삼고 대응전략 마련에 나서고 있다. 2022년 자연 관련 재무정보공개협의체(TNFD)에 가입했으며 이는 국내 기업 중 네 번째, 비금융권 기업으로는 최초이다.

(3) 자연 관련 재무정보 공개 협의체(TNFD)

TNFD(Taskforce on Nature-related Financial Disclosures)는 생물다양성에 관한 재무정보 공개 기준을 수립하기 위해 2021년 6월 출범한 글로벌 협의체다. 출범 1년 만에 블랙록, BHP 등 420여 개의 주요 글로벌 기업, 기관과 각국 정부가 참여했다. 정부 단위로는 호주, 캐나다, 일본, 페루 등 13개국이 가입했으며 국제ESG협회도 TNFD 포럼 공식 가입이 승인되었다. TNFD는 베타 버전을 시작으로 가입한 단체와 지속적으로 소통과 보정을 하며 2023년 9월 TNFD 프레임워크의 최종안을 공개했다. 이 프레임워크에는 각 기업이 생물다양성 손실을 초래하지 않으면서 지속가능하게 사업장을 유지할 수 있는 방법론과 생물다양성에 어떤 영향을 주고 있는지를 정량적으로 평가하는 방법이 담겨있다. 사업장이 생태계 다양성이나 종 다양성을 보존해야 하는 중요한 핫스팟에 존재한다면 해당 사업장을 안정적으로 운영하기 위한 노력을 상세하게 보고해야 할 의무가 생긴다. TNFD에 가입되어 있는 단체들은 의견을 개진할 수 있는 자격이 주어진다. 적극적인 의견 표출을 통해 프레임워크가 완전한 기준으로 채택되어 적용하기 전 자사나 자국에 유리한 방향으로 조율할 수 있을 것이다.

4 Pure System

전 세계 주요 대학들이 지속가능성이나 ESG, SDGs와 관련해서 어떤 연구를 하고 있는지는 대형 DB들을 통해 찾을 수 있다. 가장 대표적인 곳이 'Elsevier'라는 네덜란드의 출판사이다. 고려대학교는 이 곳과 계약을 맺어 학생과 교원에게 무료로 제공한다. 한국에는 'Pure System(퓨어 시스템: https://pure.korea.ac.kr/)'이 있다. 서울대학교, 연세대학교를 비롯한 10여 개의 대학에서 이 서비스를 제공한다.

퓨어 시스템은 고려대학교의 어느 교수가 해외 어느 대학과 함께 연구를 진행하는지를 쉽게 찾게 해준다. 예를 들어, 브리즈번의 지속가능한 광물 연구소와 배터리 공급망에 쓰일 광물 자원에 대한 논의가 필요하다면 퓨어 시스템 첫 화면에 나오는 지도에서 호주를 선택하면 된다. 소위 'Group of Eight'에 속하는 대학 중 브리즈번에 있는 퀸즐랜드 대학교를 선택하면 해당 대학과 연구를 하고 있는 교수들의 데이터

그림 3.4 Pure system 홈페이지
(자료: 고려대학교(https://pure.korea.ac.kr/))

그림 3.5 Collaborations and top research areas from the last five years
(자료: 고려대학교(https://pure.korea.ac.kr/))

베이스를 쉽게 찾을 수 있다. 혹은 기업에서 SDG 11번(지속가능한 도시와 주거지, Sustainable Cities and Communities)과 관련된 전문가를 찾고 있다면 대학에서 제공하는 퓨어 시스템을 활용해 알맞은 분을 찾아볼 수도 있다. 필터를 사용하면 SDG 11번과 관련된 251개의 연구

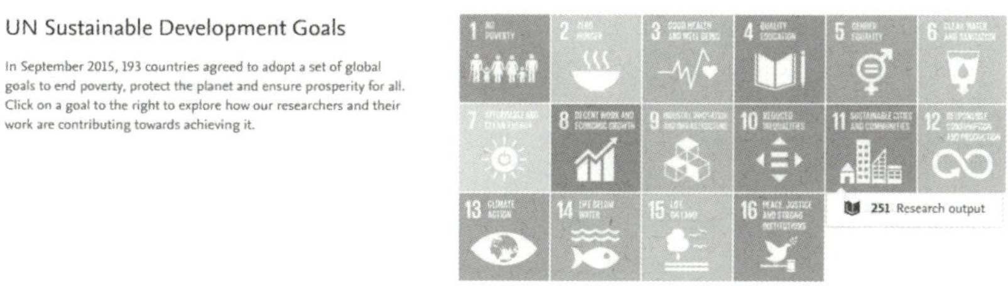

그림 3.6 UN Sustainable Development Goals
(자료: 고려대학교(https://pure.korea.ac.kr/))

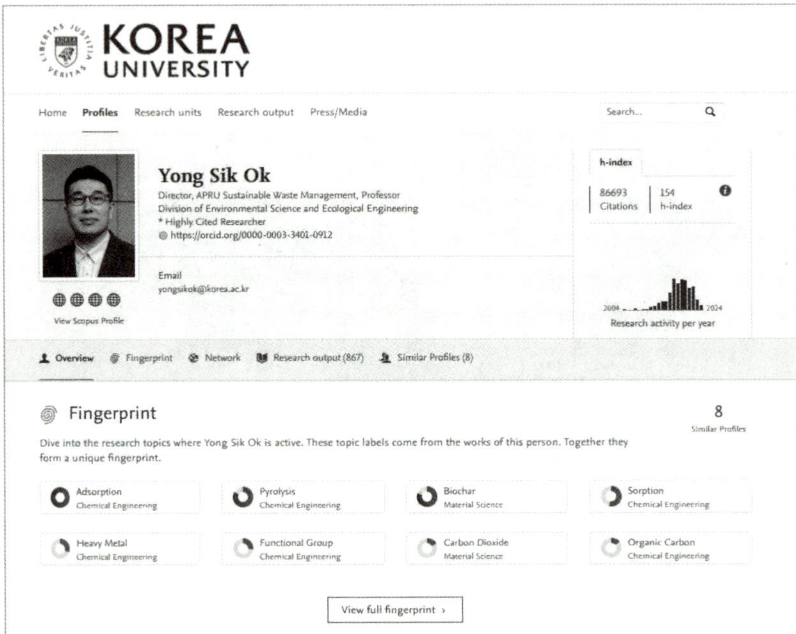

그림 3.7 고려대학교 옥용식 교수 프로필
(고려대학교(https://pure.korea.ac.kr/))

중 자사가 원하는 컨셉의 연구나 다른 SDG 목표와 연결되어 있는 연구들을 추려볼 수도 있다.

교수의 이름을 직접 검색하면 핑거프린트를 통해 그동안의 연구 업적과 전공 분야를 한눈에 살펴볼 수 있다. 지난 5년 동안 다른 대학의 어떤 교수와 연구를 같이 했는지 지도로 표시되며 함께 연구한 횟수도 확인할 수 있다.

고려대학교는 'Scopus'라는 거대 학술 DB와도 계약을 맺어 학생과 교원에게 서비스를 제공한다. Scopus의 'Research Discovery'라는 메뉴로 들어가면 관심 분야에 대한 학술정보를 쉽게 찾을 수 있다. 예를 들어, 배터리를 검색하면 독일, 중국, 미국에서 관련 연구가 활발한 것을 확인할 수 있다. 필터를 사용해 우리나라의 연구만 찾는다면 한양대 선양국 교수, 울산과학기술원의 조재필 교수, 서울대 강기석 교수 등이 나오는 것을 볼 수 있다. 논문의 수도 중요하지만 'h-인덱스'라는 것을 잘 봐야 한다. 'h-인덱스'란 개별 연구자의 영향력을 나타내는 지수로 논문별 피인용 횟수를 바탕으로 산출된다. 필터링을 사용하면 영향력이 큰 교수를 추려서 확인할 수 있다. 기업의 연구업적도 검색이 가능하다. 예를 들어, 포스코를 검색하면 과거부터 현재까지 포스코가 꾸준히 하고 있는 R&D의 역사를 볼 수 있다. 어느 대학과 어떤 주제의 연구를 하고 있고 누가 참여했는지도 확인할 수 있다. 필요하다면 서로 다른 기업의 연구업적을 비교할 수도 있는 것이다.

CHAPTER

4

생물다양성과 ESG 경영

1. 생물다양성의 정의 및 필요성
2. 토양 환경 이야기
3. 한국 정부의 생물다양성 비전 및 추진 전략
4. 생물다양성 협약, 법령 및 이니셔티브

Preview & Keywords

1. 생물다양성 개념과 기업의 ESG 경영에 대한 필요성
2. 한국 정부/기업의 생물다양성 대응 현황
3. 생물다양성 협약, 법령 및 이니셔티브

1 생물다양성의 정의 및 필요성

(1) 주목받는 생물다양성

2021년 한국에서 개최된 P4G 서울 녹색미래 정상회의의 생물다양성 특별 세션 기조연사로 참여한 유니버시티 칼리지 런던(University College London, UCL) 케이트 존스(Kate Jones) 교수는 세계경제포럼(World Economic Forum, WEF) '글로벌 리스크 리포트'의 그림 하나(그림 4.1)를 강조하며 연설을 시작하였다(WEF, 2020a). 〈그림 4.1〉은 2010년부터 2020년까지 전지구적으로 발생한 5대 글로벌 리스크의 시간적 변화를 나타낸다. 여기서 주목할 부분은 인류의 건강과 경제가 '생태계', 즉 '생물다양성'에 크게 의존하고 있다는 사실이다. 그림의 '환경(Environmental)' 리스크는 2011년부터 2020년까지 경제(Economic), 사회(Societal), 기술(Technological), 지정학(Geopolitical) 리스크와 함께 5대 리스크에 항상 포함되었다. 2010년만 하더라도 환경 리스크를 5대 리스크에서 찾아볼 수 없었지만 그 중요성은 급격히 증가하여 2020년에 들어 5대 글로벌 리스크가 모두 환경 리스크에서 발생하는 최악의 상황에 직면하게 된다. 이는 환경을 전공한 학자들뿐만 아니라 세계경제포럼에 참여한 정계와 재계 유력 인사들도 이 사실을 공통적으

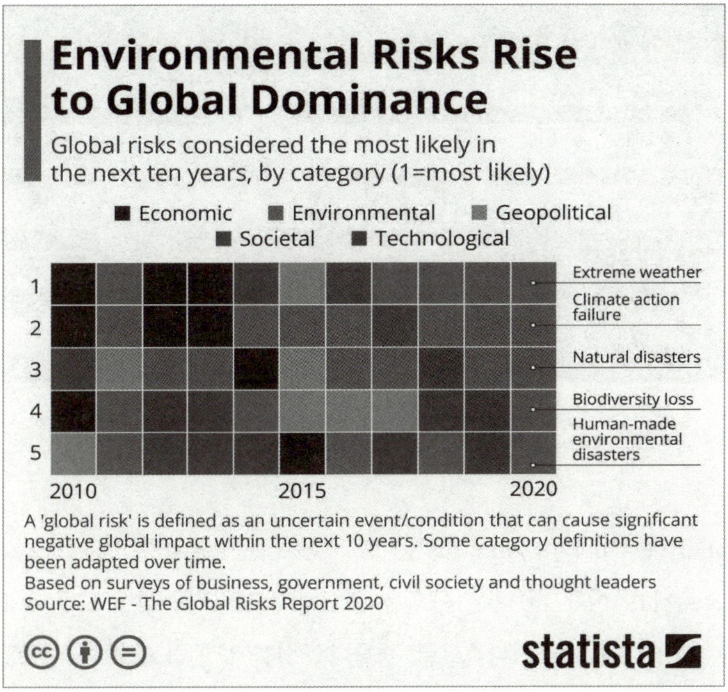

그림 4.1 Environmental Risks Rise to Global Dominance(WEF, 2020)
(자료: https://www.statista.com/chart/20567/global-risks-considered-most-likely-wef/)

로 인식하고 있다. 5대 리스크에는 기상 이변, 기후위기 대응 실패, 자연재해, 인간이 초래한 환경재난과 함께 '생물다양성 손실'이 포함되어 있다.

세계경제포럼 글로벌 리스크 인식 조사 결과를 살펴보면 2019년부터 2023년까지 5년 동안 '생물다양성 손실'이 지속적으로 글로벌 리스크로 인식되고 있음을 확인할 수 있다(김다은 & 김유신, 2023).

그리고 2020년, COVID-19 팬데믹(Pandemic), 즉 감염병이라는 새로운 리스크가 등장하였고, UN사무총장 안토니우 구테레쉬(Antonio

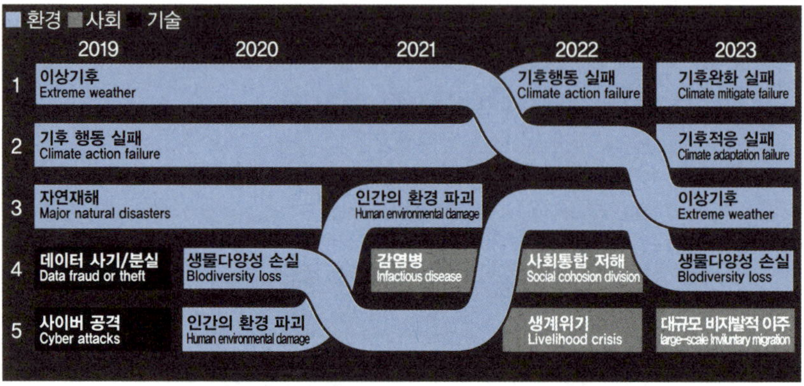

그림 4.2 2019~2023 글로벌 리스크 인식 현황 분석
(자료: Global Risk Report 2023, 김다은 & 김유신)

Manuel de Oliveira Guterres)는 2020년 5월 생물다양성의 날을 맞이해 '코로나19 이후 더 나은 환경을 조성하고 생물다양성을 보존해야 한다'는 성명서를 발표했다. 그는 생물다양성을 보존하고 지속적으로 관리하는 것은 기후 파괴, 물과 음식에 대한 접근권 보장, (코로나19와 같은) 전 세계 유행병 방지에 필수적이라고 강조했다(김재호, 2020). 앞으로도 환경 이슈, 특히 생물다양성은 전 세계의 주요 리스크에서 큰 비중을 차지할 것으로 전망된다.

실제로 기업 활동의 상당 부분은 자연과 밀접히 연관되어 있다. 이로 인해 생물다양성 위기와 함께 자연자본(Natural Capital)의 중요성이 부각되면서, 결과적으로 생물다양성은 기업의 ESG 경영에 있어 핵심 테마로 부상하게 된 것이다. 그렇다면 생물다양성의 손실에 대한 기업의 대응 전략은 무엇일까? 기후 분야에 넷제로(Net-Zero)가 필요하다면 생물다양성을 달성하기 위해서는 네이처 포지티브(Nature Positive)가 필수적이다. 여기서 '네이처 포지티브'란 자연의 손실을 멈추고 더 나아가 손실된 자연을 복원하며 지구와 사회의 리질리언스, 즉 회복탄력성을 강화하는 것을 뜻한다. 이는 기후 분야의 넷제로 목표와 함께 훼손된 자연을 복원하기 위한 전지구적 목표 달성을 위해 정부, 기업, 시민사회가 다 함께 실행하는 국제적 노력을 포함하는 개념이다.

글로벌 기업들은 생물다양성의 중요성을 인식하며 생물다양성을 보전하기 위한 프로젝트 및 투자를 지속해 오고 있다. 일례로 네스프레소는 2021년 IUCN 가이드라인을 활용하여 2025년까지 재생 및 유기농 농업(Regenerative and Organic Agriculture), 2030년까지 자연경관 보존(Conserving Natural Landscapes)을 자사의 생물다양성 보존 목표로 수립하여 추진 중이다. 2025년까지 네스프레소에 커피를 공급하는 농장에서 토착 토양 무척추동물과 토착 곤충 생태계 및 개체수를 안정적으로 증가하도록 하고, 2030년까지 최소 10개의 커피 농장이 위치한 숲, 삼림지, 습지, 강이 지역 주민들과 함께 공존할 수 있도록 하며, 나무, 새, 물고기, 곤충이 번성하는 서식지를 제공하는 등 다양한 생물다양성 보존 활동을 추진하고 있다(Stephenson P.J. & Carbone G., 2021). 마이크로소프트(Microsoft)는 지구를 위한 AI(AI for Earth) 프로그램을 통해 지구관측그룹 생물다양성관측네트워크(GEO BON) 등 글로벌 이니셔티브와 협력을 강화하고 생물다양성 모니터링 및 연구에 필요한 데이터를 확보하고 자사 업무공간의 생물다양성 증진 및 데이터센터의 생물다양성 증진 등, 구체적인 목표를 수립하여 생물다양성을 보전하기 위한 활동을 강화하고 있다(Microsoft, 2024).

(2) 생물다양성의 정의

생물다양성은 통상 지구상의 생물 종(Species)의 다양성, 생물 종이 서식하는 생태계(Ecosystem)의 다양성, 생물이 지닌 유전자(Gene)의 다양성으로 정의하고 있다. 한국에서의 생물다양성에 대한 정의는 법제처 국가법령정보센터에서 확인 가능하다. 생물다양성 보전 및 이용에 관한 법률 제2조에서는 생물다양성이란 '육상생태계' 및 '수생생태계'와 이들의 '복합생태계'를 포함하는 모든 원천에서 발생한 생물체의 다양성을 말하며, 종내, 종간 및 생태계의 다양성을 포함한다고 정의하고 있다.

생물다양성이 풍부한 건강한 생태계는 인간에게 다양한 혜택과 재화를 제공하는데, 이를 생태계서비스라고 한다. 생태계서비스는 공급서비스, 조절서비스, 문화서비스로 분류되며 지속가능한 이용, 복지 증진, 삶의 질 향상에 영향을 미친다. 오랜 기간 모델링을 통해 생태계서비스의 가치를 정량적으로 평가하기 위한 연구가 진행되어 왔으며, 일례로 케임브리지대학교 다스굽타(Dasgupta) 교수는 2021년 영국 정부의 요청으로 발간한 '생물다양성의 경제학' 최종보고서에서 지속가능한 경제 발전을 위해서는 GDP 외에 다른 측정 기준으로 국가 회계에 자연자본(Natural Capital)의 개념을 도입할 필요가 있다고 주장하였다(Dasgupta, 2021).

표 4.1 생태계서비스 종류 및 구성요소(국가생물다양성 정보공유체계, 2024)

공급서비스	작물, 가축, 섬유, 목재, 임산물, 담수, 신재생에너지 등
조절서비스	대기오염조절, 기후조절, 수해예방, 산불예방, 수질조절, 침식 조절 등
문화서비스	생태관광, 경관미, 교육, 건강, 종교적 가치, 운동, 문화유산, 지역공동체 유지 등

2 토양 환경 이야기

건강한 생태계는 건강한 토양 환경에서 시작한다. 토양은 지구에 존재하는 대부분의 생명체가 살아가는 곳이다. 따라서 다수 토양학 교과서에서는 토양을 우리 지구 모든 생명체의 가장 근원이 되는 살아있는 동적 자연체라고 정의하고 있다. 인간은 바다에서 생산되는 일부 식량을 제외한 거의 모든 식량을 토양에서 공급받고 생산되는 바이오매스로 섬유와 재생에너지를 만들어낸다. 지난 수십 년간 인구수가 가파르게 증가한 결과 이들의 수요를 충족시킬 토양은 황폐화와 도시화로 훼손되어 왔다. 특히 기업관점에서 환경을 보호함과 동시에 사회를 유지하며 식량 및 바이오매스를 공급하는 토양에 대한 이해가 필요하다(Brady and Weil, 2010).

토양은 인간을 포함한 생명체가 생존할 수 있는 필수적인 기능을 한

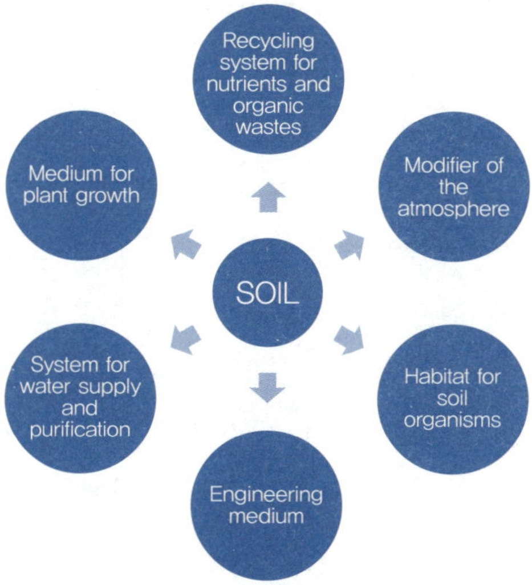

그림 4.3 토양의 6가지 생태학적 역할(Brady and Weil, 2010)

다. 토양은 식물이 생육하고 곤충을 포함한 토양 생물이 생활하는 매체이다. 토양은 액상(물), 기상(공기), 고상(유기물, 무기물)의 삼상으로 구성되며, 질소 등 생명이 살아가기 위한 필수 원소를 함유한다. 또한 토양은 인간에게 구조물을 지을 수 있는 기반을 제공한다. 우리는 예전부터 토양을 터전으로 집을 짓고 살아왔으며 도로, 교각, 건물, 선로 등을 건설하며 현재의 문명을 발전시켜 왔다. 토양은 물을 정화하며 공급하는 역할을 한다. 비가 오면 빗물이 토양으로 투과하면서 자연 필터를 거친 뒤 깨끗한 물이 지하수로 모인다. 지하수는 다시 지상으로 올라오거나 하천을 따라 흐르면서 음용수나 농업용수 등으로 사용된다. 가장 대표적인 토양의 역할은 리사이클링이다. 동식물의 사체는 토양이라는 매체 안에서 미생물에 의해 분해된다. 일부 유기물은 토양에 남거나 이산화탄소로 배출되며 탄소순환 과정을 거친다(Brady and Weil, 2010).

이러한 토양의 기능은 생태계 서비스의 일부로 볼 수 있으며, 이를 정량적인 가치로 환산하는 연구들이 진행되고 있다. 예를 들자면 기업의 활동으로 특정 지역의 생태계 가치가 훼손되었을 때 그에 대한 배상금으로 얼마를 부담하는 것이 적절한지 등을 계량화한다. 토양의 가장 큰 위협은 유실이다. 토양은 많은 양의 탄소를 저장하고 있지만, 토양유실로 표토가 손실되어 토양이 점점 깎여 나가게 되면, 토양 내 탄소는 이산화탄소의 형태로 대기 중으로 방출되어 지구 온난화가 가속화된다. 실제 토양은 대기와 식생에 있는 탄소를 모두 합한 양보다도 2배 이상 많은 양의 탄소를 저장하고 있다. 따라서, 토양의 탄소에 생기는 작은 변화는 나비 효과로 인해 전 지구적인 탄소 순환에 큰 영향을 미치게 된다(Brady and Weil, 2010).

3 한국 정부의 생물다양성 비전 및 추진 전략

우리나라 기업은 한국 정부의 생물다양성 전략을 면밀히 살펴볼 필요가 있다. 〈표 4.2〉는 국가생물다양성센터 국가생물다양성 정보공유체계에 있는 제4차 국가생물다양성전략 전문 내용으로 전략 1 '생물다양성 주류화'부터 전략 5 '이해력 증진기반 마련'까지 총 5가지 전략으로 구분되며, 각 전략에는 성과지표가 있다. 전략 1 '생물다양성 주류화'는 '생물다양성 인지도', '지역생물다양성 계획 수립', '민간단체 생물다양성활동 프로그램 수', 'BNBP 참여 기업 수' 총 4가지 성과지표로 이루어져 있으며, 목표 대비 실적을 측정하여 공개하고 있다. 이런 방법을 통해 생물다양성에 친화적인 생산과 소비를 할 수 있도록 사회의 시스템을 바꿔 국민들의 인식을 제고하는 것이 목표다. 기업은 전략 및 성과지표와 방법을 확인하고 각자의 방법으로 이를 실천해야 한다. 전략 2 '생물다양성 위험요인 관리'를 위해 기업이 국립생태원 또는 관련 정부 기관에 후원하거나 프로젝트에 참여하는 것이 일례다.

대한민국 정부는 2023년 12월에 2024년부터 2028년까지의 5년에 대한 제5차 국가생물다양성전략을 발표하였다. 제5차 전략의 목표와 과제는 상위 전략인 쿤밍-몬트리올 글로벌 생물다양성 프레임워크(GBF)의 목표 연도와 연계하여 2030년까지 제시하고 있으며, 각 실천목표는 GBF Target과 연계하여 수립하였다(제5차 국가생물다양성전략, 2023).

특히, 기업은 이런 변화에 집중해야 한다. 정부에서 생물다양성과 관련된 과제를 늘린다거나 생태관광에 대한 예산을 늘린다거나 하천 수질 목표 달성률을 높인다고 발표할 때 각 기업이 하고 있는 사업에 영향이

표 4.2 제4차 전략 성과지표 평가

전략	성과지표	목표('23년)	실적('22년)
전략 1. 생물다양성 주류화	생물다양성 인지도	90.0%	86.7%
	지역생물다양성 계획 수립 (광역자치단체)	17	12
	민간단체 생물다양성활동 프로그램 수	• 집계 체계구축('19) • '19년도 프로그램 수의 200% 증가('23)	87.1%
	BNBP 참여 기업 수	66	50
전략 2. 생물다양성 위험요인 관리	연간 산지면적 증감량	+20km^2	–47km^2
	아고산대 기후변화 민감도 (구상나무 적합 서식지 면적)	현행 유지 (대체서식지 조성 등)	809km^2 유지
	국내 도입 시 생태계 피해 우려 외래종 지정 수	209종	557종
	하천 수질 목표 달성률 (전국 115개 중권역 하천 중 수질 목표 기준 달성 하천 비율)	74.8%	69.6%
전략 3. 생물다양성 보전·증진	보호지역 면적	육상 17%('21) 해양 10%('21)	육상 17.3% 해양 2.13%
	국가생물종 목록 구축 수	60,000종	58,050종
	증식·복원하는 멸종위기종(동물) 수	52종	51종
	국가희귀식물 보전목표 달성률	95.1% (543종/전체 571종)	91.0%
전략 4. 생물다양성 이익공유 및 지속가능한 이용	정책·입법 활동	• 생태계서비스 증진·보상 입법 추진 • 종합 생태계복원정책 개발	• 생태계서비스지불제 가이드라인 개정 ('22.12)
	생태관광 지역수입 (4개 모델지역)	1,875 백만 원	1,549 백만 원
	ABSCH* 정보 공유건수 (*접근 및 이익공유정보공유체계)	10건	10건
	지속가능방식 농산물 비율	5%	2.8%
전략 5. 이행력 증진기반 마련	생물다양성 관련 ODA 사업 비율	4.10%	1.13%
	전통지식DB(국립생물자원관)에 누적된 데이터(구전·문헌) 수	12만 건	12.6만 건
	생물다양성 연구과제 수	연구과제 85건/년 (4차전략 기간 평균치)	30건

자료: 관계부처합동, 2023

표 4.3 제5차 국가생물다양성전략 실천목표 및 주요 성과목표

• 비전 및 목표(GBF와 정합성 고려)

<table>
<tr><td>2050
비전</td><td colspan="2">자연과 조화·공존을 통해 자연 혜택을 공평하게 누리는 지속가능한 사회</td></tr>
<tr><td rowspan="2">2050
목표</td><td>① 자연생태계 면적·종다양성
·유전다양성 유지</td><td>② 자연이 국민에 주는 혜택
평가·유지·강화</td></tr>
<tr><td>③ 유전자원 이용·이익 공유로
생물다양성 보전 기여 확대</td><td>④ 전략의 완전한 이행을 위해
모든 이행수단 강화</td></tr>
</table>

• 2030 실천목표

<table>
<tr><td rowspan="8">생물다양성
위협요인저감</td><td>1. 공간계획을 통한 생물다양성 관리 강화</td><td>GBF T1</td></tr>
<tr><td>2. 생태계 복원으로 자연자본 가치 확대</td><td>GBF T2</td></tr>
<tr><td>3. 생태우수지역 확대 및 지역사회 혜택 강화</td><td>GBF T3</td></tr>
<tr><td>4. 국가보호종·유전다양성 관리 강화</td><td>GBF T4</td></tr>
<tr><td>5. 야생생물 검역 및 관리 全과정 안전망 강화</td><td>GBF T5</td></tr>
<tr><td>6. 침입 외래생물 유입 차단 및 방제 강화</td><td>GBF T6</td></tr>
<tr><td>7. 생물다양성 유해 오염 저감</td><td>GBF T7</td></tr>
<tr><td>8. 자연기반해법을 통한 기후변화 대응</td><td>GBF T8</td></tr>
<tr><td rowspan="4">지속가능이용
및
이익공유확대</td><td>9. 지속가능한 농·임·수산·양식업</td><td>GBF T9, 10</td></tr>
<tr><td>10. 생태계서비스 유지·증진</td><td>GBF T11</td></tr>
<tr><td>11. 도시 생물다양성 증진</td><td>GBF T12</td></tr>
<tr><td>12. 유전자원 이익공유 확대</td><td>GBF T13</td></tr>
<tr><td rowspan="9">이행과 주류화
수단 강화</td><td>13. 사회 전 분야에 생물다양성 가치 반영</td><td>GBF T14</td></tr>
<tr><td>14. 생물다양성과 ESG 경영</td><td>GBF T15</td></tr>
<tr><td>15. 지속가능한 소비 촉진</td><td>GBF T16</td></tr>
<tr><td>16. 유전자변형생물체 및 바이오신기술 안전관리</td><td>GBF T17</td></tr>
<tr><td>17. 유해보조금 단계적 감축 및 친환경 인센티브 확대</td><td>GBF T18</td></tr>
<tr><td>18. 생물다양성 재원 동원</td><td>GBF T19 (b)~(g)</td></tr>
<tr><td>19. 국제적 기여 확대</td><td>GBF T19 (a), 20</td></tr>
<tr><td>20. 생물다양성 인식·연구 증진 및 이행 관리 강화</td><td>GBF T21</td></tr>
<tr><td>21. 다양한 이해관계자 참여 보장</td><td>GBF T22, 23</td></tr>
</table>

자료: 관계부처합동, 2023

있는지 점검해야 한다. 기업의 생물다양성 활동은 'BNBP(기업과 생물다양성 플랫폼)'에서 찾아볼 수 있다. BNBP는 기업의 구매, 생산, 유통, 평가 등 공급망 전반의 의사결정 과정에서 생물다양성 이슈를 고려하도록 하며, 기업들이 생물다양성의 보전과 지속가능한 이용을 위한 활동에 적극적으로 참여할 수 있도록 지원하고자 설립된 플랫폼이다. 홈페이지에 방문하면 참여하고 있는 기업과 주요 사업을 확인할 수 있다.

쿤밍-몬트리올 글로벌 생물다양성 프레임워크(GBF)는 생물다양성이 전 세계 사회, 경제 정책 전반에서 주류가 되도록 만든 역사적 순간이었다. 생물다양성 손실을 멈추고 '네이처 포지티브'를 달성하기 위해 우리 기업 모두가 적극 동참해야 한다. 특히, TNFD는 글로벌 공시 표준을 만드는 데 박차를 가하고 있어 우리 기업과 금융기관도 이제는 생물다양성에 대한 의존과 영향을 정량적으로 측정하고 평가하여 기업의 지속가능경영보고서에 투명하게 공개해야 하는 상황이다. 향후 기업의 의사결정 과정에서는 생물다양성을 반드시 고려해야 하는 이유이다.

4 생물다양성 협약, 법령 및 이니셔티브

생물다양성협약(Convention on Biological Diversity, CBD)은 지구상의 생물종을 보호하기 위해 마련된 협약이다. 1987년 유엔환경계획이 생물종 보호를 위한 전문가 회의를 개최하면서부터 국제사회에서 처음 논의되기 시작했다. 1992년 유엔환경개발회의(UNCED)에서 158개국 대표가 서명함으로써 채택되었고 1993년 12월 29일 발효되었다. 우리나라는 1992년 6월 13일 가입, 1994년 10월 3일 비준했으며 자연환경보전법에 생물다양성 보전에 관한 규정들을 두고 있다. 〈표 4.4〉는 기

표 4.4 생물다양성협약 개요

명칭	발표(한국)	당사국	목적
생물다양성 협약(CBD)	1995년 1월 1일	196개국 (EU 포함)	생물다양성 보전, 그 구성요소의 지속가능한 이용, 유전자원 이용으로부터 발생하는 이익의 공정하고 공평한 공유
카르타헤나 의정서	2008년 1월 1일	173개국	유전자변형생물체(LMO)로 인한 인간의 건강 및 환경 보호에 미칠 위해를 사전에 방지(캐나다, 호주 등 미비준)
나고야 의정서	2017년 8월 17일	140개국	자국의 유전자원에 대한 생물자원주권 보장과 외국의 유전자원 이용으로부터 발생하는 이익에 대해 원산지국과 이익 공유를 보장(캐나다, 호주 등 미비준)

자료: 제5차 국가생물다양성전략, 2023

업이 생물다양성 이슈로 겪을 수 있는 ESG 리스크 유형에 대해서 정리한 내용이 담겨있다. 제5차 국가생물다양성전략 자료를 정리한 것으로, 국제협약별 내용과 그에 대응하는 국내 법령이 무엇인지 알 수 있다.

생물다양성은 기후변화와 직결되는 문제로 탄소중립 또한 기업의 탄소감축만으로는 달성이 불가하고, 탄소중립에 필요한 탄소감축량의 1/3을 자연이 제공해야 한다. 캐나다 몬트리올 제15차 생물다양성협약 당사국총회(COP15)를 통해 2030년까지 자연과 생물다양성 손실을 멈추고 복원하자는 주장에 전 세계가 동의하였다. 또한 파리기후협약에 견주어지는 쿤밍-몬트리올 글로벌 생물다양성 프레임워크(GBF)를 통해 2030년까지 이를 달성하기 위한 37가지 세부목표를 수립하였고, “30 × 30” 등을 통해 기업에 명확한 메시지를 전달하였다.

앞서 강조하였지만 이제 우리 기업은 자연에 대한 의존도와 영향을 정량적으로 평가해야 하고 그 리스크를 평가한 정보를 공개해야 하는데

이런 요구사항은 권고에서 머무르지 않고 의무사항으로 바뀌고 있다. 이에 맞추어 최근 S&P Global, MSCI 등의 주요 글로벌 평가사 그리고 EY, PwC 등 컨설팅 기업의 홈페이지에는 네이처 포지티브와 생물다양성이 ESG 부문에서 주요 주제로 나오고 있고, 생물다양성을 평가하는 방법론과 함께 새로운 데이터들이 계속해서 쏟아져 나오고 있는 상황이다. 기업 활동의 많은 부분이 자연에 의존하고 있기 때문에 생물다양성 위기와 함께 자연자본의 가치가 재조명된 결과이다.

IUCN

IUCN(세계자연보전연맹)은 세계의 자원과 자연을 보호하고자 국제연합의 지원을 받아 1948년에 설립되어, 현재 160개국 이상의 회원국과 수천 개의 비정부기구(NGO), 과학자 및 전문가들이 참여하고 있다. IUCN의 주요 목표는 세계적으로 중요한 생물다양성의 보전과 자연 자원의 지속 가능한 관리를 촉진하는 것으로, 이를 위해 IUCN은 멸종 위기에 처한 동식물종을 9개의 범주로 분류하고 평가하는 '멸종 위기 적색 목록(Red List of Threatened Species)'을 발행한다. 또한, IUCN은 정부와 비정부 조직, 기업들에게 생물다양성 관련 권고사항을 제공하며, 전 세계적으로 자연 보호구역의 설정 및 관리, 생물다양성의 지속 가능한 이용, 기후 변화 대응 등에 기여하고 있다. IUCN의 노력은 기업과 정부가 자연자본의 중요성을 인식하고, 생물다양성 보호를 위한 국제 정책 개발에 중요한 역할을 하며 지속 가능한 미래를 향한 글로벌 파트너십 구축에 기여하고 있다.

Q1 라오스에서 생물다양성은 국가 정책에서 굉장히 중요한 역할을 합니다. 또한 글로벌 탄소 감축 트렌드의 선두주자가 되기 위해 수력발전, 댐 건설에 집중하고 있습니다. 하지만 라오스가 댐을 건설하면서 하류에 위치한 베트남에서는 물이 부족하여 가뭄이 자주 발생하고 있습니다. 이런 문제는 기업이 해결하기 어렵다고 생각합니다. 기업이 ESG를 마케팅 정도로 활용하는 것은 아닌지, 기후위기나 생물다양성 문제를 해결하기 위해서는 국가 간의 협력이 필요한 것이 아닌지 궁금합니다.

A 말씀해 주신 상황은 개별 기업이 나서서 바꾸는 데는 한계가 있을 것 같습니다. 라오스와 같이 공적 원조가 요구되는 나라들의 상황은 유엔 등의 국제기구가 SDG 프레임워크 안에서 논의하는 대상이기 때문에 해당 정부의 노력과 정부 간 협상이 중요합니다. 한 국가의 생물다양성 증진 활동이 인접 국가에 부정적인 영향을 줄 수 있다는 것은 충분히 인지되어 있기에 여러 연구를 통해 프레임워크가 만들어져 있습니다. 전 지구적인 관점에서 생물다양성 유지를 위해 꼭 보존되어야 하는 25개의 핫스팟이 있으며, 이곳의 생물다양성을 유지하기 위해서 각 나라마다 표준화된 방법으로 다양성을 측정하고 매년 국제기구에 결과를 보고하고 있습니다. 특정 기업이나 국가의 활동이 다른 국가나 지역의 생물다양성에 영향을 줄 수 있어 전 지구적 차원에서 통합적으로 관리하고 보존해야 합니다.

CHAPTER

5

플라스틱과 순환경제

1. 탄소순환 소개
2. 지속가능한 소비
3. 플라스틱: 국제기구 최신 동향
4. 플라스틱을 위한 전략

Preview & Keywords

1. 지속가능한 소비
2. 플라스틱: 국제기구 최신 동향
3. 플라스틱 하이어라키

1 탄소순환 소개

(1) 전 지구적 탄소순환

〈그림 5.1〉은 전 지구적인 탄소순환을 나타낸 모식도이다. 간단해 보이지만 그림에 있는 숫자들은 여러 학자들이 오랜 기간 연구를 거쳐 산출해 낸 값이다. 각 값의 단위는 Pg(페타그람, 1,015 g)이다. 대기는 760 Pg의 탄소를 가지고 있다. 또한 초본류와 목본류 등을 모두 합한 전체 식생에는 탄소 550 Pg가 존재한다. 한편 토양은 2,400 Pg의 탄소를 저장하고 있으며 이는 대기와 식생에 있는 탄소의 양의 약 두 배에 달한다. 우리가 토양 속에 탄소를 잘 저장해야 한다고 말하는 이유가 바로 이 때문이다. 〈그림 5.1〉에서 좀 더 주의 깊게 살펴봐야 하는 것은 탄소의 흐름이다. 토양이나 대기에 항상 표시된 수치만큼의 양이 고정적으로 멈춰 있는 것이 아니다. 단순히 더하고 빼는 게 아니라 탄소가 어디서 어디로 이동하는지 그 흐름을 이해하는 것이 중요하다. 인간은 화석연료의 사용 등으로 대기 중으로 7.5 Pg의 탄소를 배출한다. 대기 중의 탄소는 일부 식생에게 흡수되고 그중 60 Pg의 탄소가 토양 속으로 들어간다. 반대로 토양에서 나가는 방향의 화살표를 보면 62 Pg의 탄소가 대기 중으로 빠져나가고 0.5 Pg만큼의 탄소가 바다나 호수로 유출

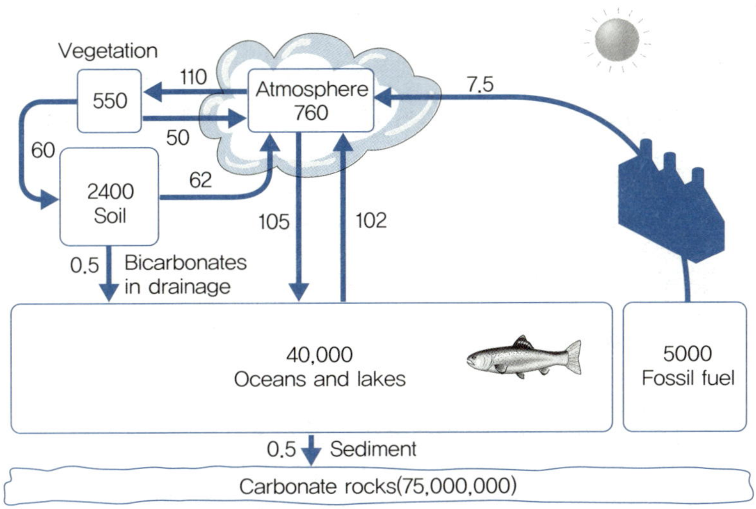

그림 5.1 전 지구적 탄소순환 모식도
(자료: Brady, N.C. and Weil, R.R. (2010) Elements of the Nature and Properties of Soils. Pearson. pp.1-614.)

된다. 토양의 관점에서 들어오고 나가는 탄소의 양이 균형을 이루고 있지 않다는 것을 알 수 있다. 토양은 매년 2.5 Pg의 탄소를 방출하고 있는 셈이다. 대기의 경우 110 Pg의 탄소가 식생에 의해 흡수되고 105 Pg의 탄소가 바다에 의해 흡수된다. 반대로, 식생은 50 Pg의 탄소를, 바다는 102 Pg의 탄소를 대기 중으로 방출한다. 추가로, 토양에서 방출되는 62 Pg의 탄소와 인간 활동에 의한 7.5 Pg의 탄소를 합하면 대기에는 매년 6.5 Pg의 탄소가 축적되고 있는 것이다. 탄소중립을 위해서는 화석연료를 아예 사용하지 않거나 아주 많은 양의 탄소를 포집하여 땅속 깊이 묻거나 우주 밖으로 보내야 한다. 실제로 마이크로소프트(Microsoft) 등 많은 기업들이 탄소중립 혹은 탄소 네거티브를 위해 CCUS와 같은 기술에 투자하고 있다.

토양의 종류에 따라 함유하고 있는 탄소의 양이 다르다. 토양은 약 11개의 토양목으로 분류된다. 우리나라는 그중 인셉티졸(Inceptisol)에 해당한다. 인셉티졸은 상대적으로 탄소 함량이 적다. 또한 국토의 대부분이 양분을 보유하는 능력이 적은 고령토로 덮여 있기에 우리나라는 많은 양의 탄소를 가지고 있는 지역이 아니다. 토양에 유기물이 적어 비옥하지 않기 때문에 농가에서는 예전부터 비료를 자주 사용해 왔다. 덕분에 수확량은 늘어났지만, 토양의 건전성은 많이 떨어졌다.

(2) 생명체의 분해와 바이오매스를 통한 탄소 관리

생명체는 죽으면 토양에서 분해된다. 생명체를 이루는 구성성분에 따라 그 속도가 다르다. 예를 들어 식물의 단당류, 간단한 단백질, 셀룰로오스는 금방 분해되는 반면 나무껍질 등에 풍부한 리그닌은 분해가 느리다. 이런 구성성분은 주로 탄소와 질소로 이루어져 있다. 이 두 원소의 비율에 따라 미생물이 사체를 분해하는 속도가 달라진다. 시간이 어느 정도 경과하고 분해가 완료되면 생명체는 유기물로 남게 되고 생명체 내에 있던 탄소는 일부 대기 중으로 방출된다. 생명체가 가지고 있던 탄소의 양을 100이라고 했을 때 80만큼의 탄소가 몇 달 혹은 몇 년에 걸쳐 이산화탄소의 형태로 날아간다.

나무를 심으면 광합성에 의해 대기 중의 탄소가 나무에 흡수되어 저장된다. 나무가 죽으면 나무 속에 있던 탄소가 다시 대기 중으로 나온다. 이 과정은 대기로부터 흡수되는 양과 배출되는 양이 비슷하므로 탄소중립에 가깝다. 반면, 나무를 이용해 탄소 네거티브 전략을 수립할 수도 있다. 국내 기업 중 LG, SK, GS 등은 나무 등의 바이오매스를 열분해시켜 열분해유를 생산하려고 한다. 열분해유는 바이오 연료로 사용하고 생산 과정에서 나오는 고농도의 탄소 부산물은 다시 토양에다 매립한다. 매립되는 검은색의 부산물은 토양의 유기물을 늘려주는 역할을 해서 토양을 비옥하게 하기도 한다. 그래서 많은 기업들은 바이오매스를 이용해서 이산화탄소의 발생을 막고 재생에너지원을 확보하며 탄소 부산물을 이용해 CCUS를 하는 네이처 베이스 솔루션을 통해 탄소 네거티브 전략을 펼치려고 노력 중이다.

(3) 토양 속 플라스틱과 탄소

플라스틱의 종류는 다양하다. 흔히 보이는 PET병부터 농경지에서 가장 많이 사용하는 저밀도 폴리에틸렌(Low Density Polyethylene, LDPE)까지 플라스틱은 필요에 맞게 여러 종류로 분화되어 있다. 종류에 상관없이 대부분의 플라스틱에는 탄소가 들어있다. 또한 플라스틱은 그 구조가 안정적이기 때문에 잘 분해되지 않는 특징이 있다. 플라스틱을 토양에 넣으면 오랜 시간이 흘러 풍화 과정을 거치면서 점점 작게 쪼개지고 결국에는 분해되리라고 예상하지만 1000년 이상의 시간이 소요될 것으로 본다. 현재까지는 플라스틱 층이 발견될 정도로 플라스틱은 분해되지 않고 육상 생태계에 그대로 존재한다.

어떤 사람들은 플라스틱에 탄소가 들어있고 잘 분해되지 않으니 플라스틱을 땅속에 많이 묻을수록 더 많은 양의 탄소를 토양에 저장할 수 있는 것 아닌지 의문을 품는다. 아주 틀린 말은 아니다. 우리가 일반적으로 사용하는 분석법을 통해 플라스틱층이 생긴 토양을 분석하면 토양의 탄소 함량이 늘어났다고 얘기할 수 있다. 그만큼 대기 중의 탄소가 줄었다고도 할 수 있을지도 모른다. 하지만 우리는 기존의 분석법이 적절한 방법인지 분명하게 판단해야 한다. 흔히 얘기하는 탄소순환에서의 탄소 혹은 탄소를 포함하는 유기물은 동식물을 구성하는 단백질이나 당류 등이 서서히 분해되어 생기는 부식물질을 의미한다. 이런 부식물질의 특징은 전하를 띠어 양분을 토양에 저장하고 생명체가 그것을 흡수할 수 있도록 도와준다. 비가 오면 유기물질이 수분을 잡아주는 역할도 한다. 하지만 플라스틱은 같은 탄소 원자를 포함하더라도 질적으로 굉장히 다르다. 유기물질이 가지고 있는 기능이 거의 없다. 구조적으로도 토양의 유기물질은 굉장한 고분자로 그 구조가 복잡하여 아직 정확한 구조가 밝혀지지 않은 데 반해 플라스틱은 단순한 구조로 되어있다. 물리적으로 자외선을 쪼이는 등의 방법으로 플라스틱을 아주 잘게 쪼이거나 오랜 기간 풍화를 거치면 미세 플라스틱이나 나노 플라스틱이 될 수도 있지만 유기물과 같은 기능은 기대할 수 없다. 토양은 살아 있는 동적 자연체인 반면 플라스틱은 단지 생명이 없는 물질에 불과하다.

(4) 토양에서 탄소가 빠져나가는 원리

토양은 고체, 액체, 기체가 섞여 있다. 토양의 구성성분 중 고체인 광물 안에 유기물이 있고 우리나라 토양은 평균적으로 약 3% 정도의 유기물을 포함한다. 유기물은 탄소를 기본 뼈대로 하는 거대한 화합물이다. 탄소로만 이루어져 있는 것이 아니라 수소, 산소, 질소, 황, 인 등을 포함하고 다양한 구조로 얽혀 있다. 유기물과 공기가 만나서 산소와 접촉하는 환경이 되면 산화가 일어나 유기물의 탄소가 이산화탄소의 형태로 바뀐다. 반대로 공기와 전혀 접촉하지 않으면 환원되어 메탄의 형태로 바뀌게 된다. 물이 가득 찬 논이나 습지에서 메탄이 발생한다. 이들이 대기 중으로 나오면 온실가스로서 역할을 한다. 음식물 쓰레기나 동물의 사체를 혐기적인 조건에서 가공하여 메탄을 만들고 이를 난방용으로 이용하기도 한다.

토양은 헬멧 구조처럼 자연적으로 공기와 접촉하여 산화하면서도 서로를 지키기 위해 뭉치려는 특성이 있다. 식물 뿌리 등의 유기물과 토양 입자들이 한데 뭉쳐 산소가 깊은 곳까지 침투하는 것을 막아서 유기물이 이산화탄소의 형태로 날아가는 것을 방지한다. 이런 현상으로 인해 교란되지 않은 토양은 탄소를 잘 저장할 수 있다. 이 원리가 밝혀진 후 농경지에서는 'No-Till'이라는 운동이 일어났다. 'No-Till'이란 경운을 하지 말자는 의미로 대형 트랙터로 토양을 갈아엎는 행위를 줄여서 토양 속 유기물이 산화되는 것을 막는 것을 목표로 한다. 안정한 헬멧 구조로 된 토양을 경운하면 뭉쳐 있는 찰흙을 잘게 쪼개는 것과 같이 공기와의 접촉면이 늘어나게 된다. 그러면 산화가 잘 일어날 수밖에 없다.

2 지속가능한 소비

(1) 지속가능한 소비에 대한 인식

오슬로 심포지엄에서 구체화된 정의에 따르면 지속가능한 소비란 현재 세대뿐만 아니라 미래 세대까지 지속가능하도록 천연자원, 독성 물질, 폐기물 및 오염물질의 배출을 최소화하면서 기본적인 요구에 부응하고 더 나은 삶의 질을 제공하는 상품과 서비스를 사용하는 것을 말한다. UNEP(유엔환경계획)은 지속가능한 소비를 단순히 적게 소비하는 것이 아닌 차별화하고 효율적으로 소비하여 향상된 삶의 질을 누리는 방식이라고 정의한다.

지속가능한 소비라는 개념이 대두되면서 대중들의 소비 패턴이 변화하는 추세이며 플라스틱과 산업에 큰 영향을 주고 있다. COVID-19

를 겪은 후 개인에게 친환경과 윤리적 가치의 중요성이 많이 높아졌다. 동아일보에서 2021년 발표한 자료에 따르면 국내 빅데이터 조사 결과 2021년도 기준 소셜미디어 내에서 '쓰레기를 줄이다'라는 말이 언급된 횟수는 전년도 대비 292% 증가했다. 중앙일보에서는 ESG 경영을 접해본 대학생을 대상으로 소비성향에 대한 설문조사를 진행했다. 설문조사 결과 4명 중의 3명 이상이 평소 제품이나 서비스를 선택할 때 ESG 경영을 하는 곳인지 살핀다고 응답했으며, 그런 기업의 상품은 더 높은 가격을 지불하고 구매할 의사가 있다고 답했다. ESG 경영을 인지하고 있는 대학생이라면 대부분이 지속가능성의 가치를 적극적으로 반영하여 소비할 의향이 있다는 것이다. 해당 결과가 직접적인 소비와 연결된다고 장담할 수는 없지만 소비 패턴에 변화가 생기고 있으며 그 정도가 심해질 것이라고 예상할 수 있다.

기업에서도 이런 변화를 주시하고 있다. 이재승 삼성전자 대표이사 부회장은 "소비자들은 자신의 선택이 환경에 미칠 영향에 대해 더욱 관심을 기울이고 일상생활에서 다양한 친환경 활동을 실천한다"라고 말한다. 자원순환연대와 한국피앤지(P&G)가 공동으로 진행한 국내 소비자 지속가능성 인식과 실천 행태 조사에서는 응답자의 약 82%가 환경문제가 육체적, 정신적 건강의 조화를 추구하는 생활방식에 영향을 미친다는 것에 동의했다. 환경적으로 지속가능한 생활용품을 구매할 의향이 있다는 응답자 또한 전체의 82%를 차지했다. 지속가능한 소비가 현재 빅 트렌드임을 확실히 보여준다.

(2) 지속가능 소비로의 과정

지속가능한 소비를 위해서는 근본적인 시민의식 변화가 필요하다.

첫 번째는 Refuse, 시민들이 스스로 플라스틱을 쓰지 않는 것을 너무나 당연하다고 느낀다면 소비 패턴은 금세 바뀐다. 두 번째로 Reduce, 플라스틱 사용을 의도적으로 줄여야 한다는 인식이 있거나, 세 번째로 Reuse, 재이용한다는 것이 확실하게 마음속에 자리 잡고 있어야 한다. 하지만 비단 소비자 개인뿐만 아니라 기업, 정부 등 다양한 참여자들의 적극적인 노력이 있을 때 지속가능한 소비가 가능해진다. 소비자는 대개 지속가능성 목표 달성에 대한 개인적 통제감은 낮게 느끼면서 기업, 국가, 또는 기관의 책임을 우선시한다. 그렇기에 정부는 다각적인 관점에서 구성원들이 지속가능한 생산과 소비에 참여할 수 있도록 정책을 펼쳐야 한다. 강력한 드라이브를 가지고 명확한 지침이 세워지면 기업들은 이를 기준 삼아 상품과 서비스에 대해 새로운 기획과 디자인을 준비할 수 있다. 이런 변화는 확고한 철학 아래 시행되어야 하며 일정 수준 이상의 인센티브로 사회 구성원의 동의와 지지가 있어야 가능하다. 모든 것이 갖추어졌을 때, 비로소 순환 경제의 루프가 완성된다. 순환 경제로의 전환이 시작되면 사회 구성원이 각자의 역할을 하면서도 지속가능한 라이프 스타일을 추구하고 있음을 보여주는 지표가 개발되어야 한다. 이 지표는 정부, 기업, 시민 사회, 개인 소비자 등 모두가 대상이 될 수 있다. 국내 화장품 업계의 플라스틱 사용에 대해 소비자들이 직관적으로 판단할 수 있는 지표와 앱 등이 개발되고 있는 것이 하나의 예다.

3 플라스틱: 국제기구 최신 동향

플라스틱 문제는 우리 생활뿐 아니라 여러 이해관계자와 복잡하게 연관되어 있으며, 이는 우리 사회의 경제적, 환경 등, 다방면에 많은 영향을 주고 있다. 당연히 경제적, 사회적, 환경적으로 매우 많은 영향을 주고 있다. 고려대학교 경영대학의 ESG 연구원과 환태평양대학협회(Association of Pacific Rim Universities, APRU)는 UNEP(유엔환경계획)와 IUCN(세계자연보전연맹)에서 플라스틱 이슈를 다루는 분들을 초대해서 ESG 측면에서 플라스틱 오염을 어떻게 다뤄야 하는지에 대한 담화를 진행한 적이 있다. 당시 IUCN 한국지부 윤종수 회장은 2030년까지 달성하는 것이 목표인 UN SDGs 중 8개 이상이 플라스틱 문제와 관련이 있다고 강조했다. 플라스틱 오염을 해결하지 않고는 UN SDGs를 달성하기 어렵기 때문에 국제기구들은 플라스틱 문제를 첨예하게 들여다볼 수밖에 없다.

현재 플라스틱을 줄이기 위한 활동으로 가장 중요하게 여겨지는 것은 사업장에서 플라스틱 폐기물이 적절히 관리되고 있는지를 정확하게 측정하는 것이다. 사업장에서는 플라스틱이 쉽게 누출되기 마련이다. 누출되는 양이 많은 곳을 핫스팟(Hotspot)이라고 하는데, 이런 곳을 찾아내는 지침서를 UNEP과 IUCN에서 같이 만드는 중이다. 전과정평가를 도입해서 국가마다 혹은 기업마다 플라스틱 핫스팟을 어떻게 설정해야 하는지에 대한 일종의 표준을 마련하는 것이다. 토양, 대기, 물 등 환경을 구성하는 매체별로 플라스틱이 어떻게 누출되고 있는지를 정확하게 측정할 수 있는 가이던스를 제공하는 것이 UNEP과 IUCN의 공동 목표다.

해당 지침을 따르면 우리는 사업장의 플라스틱 누출에 대한 지도를 만들 수 있다. 기업은 자신의 사업장에 대한 모니터링을 하고 국제기구는 국가를 대상으로 모니터링을 진행한 뒤 둘을 함께 분석하면 더 정확히 핫스팟을 찾을 수 있다. 핫스팟이 발견되면 이제 개입을 할 차례이다. 가이드라인을 따라가다 보면 사업장에서 유출되는 플라스틱의 종류를 알 수 있다. 플라스틱은 HDPE(High Density Polyethylene, 고밀도 폴리에틸렌), LDPE(Low Density Polyethylene 저밀도 폴리에틸렌), Styrene(스타이렌) 등 많은 유형으로 분류된다. 그렇기에 사업장마다 취급하는 플라스틱의 종류는 천차만별이고 각각의 양도 다르지만, 유출되는 플라스틱의 종류를 정확히 알 수 있다는 것은 유출을 쉽게 관리할 수 있다는 것을 의미한다. 핫스팟이 바다와 인접한 곳이라면 해양 플라스틱 오염을 예방하기 위한 전략을 선제적으로 시행할 수도 있다. 기업에서 플라스틱 오염 혹은 폐기물 관리 부서에서 일하고 있는 분이라면 『National Guidance for Plastic Pollution Hotspotting and Shaping Action』이라는 책자를 참고하는 것을 추천한다.

최근 국제사회에서는 플라스틱 오염 문제에 대한 관심이 높아지면서 이를 해결하기 위한 다양한 노력이 진행되고 있다. 특히, UN 플라스틱 협약에 대한 논의가 진행 중이다. 제3차 및 제4차 정부간협상위원회(INC−3, INC−4)는 국가 간 의견 차이로 인해 난항을 겪으며, 플라스틱 제품 제조의 원료인 1차 플라스틱 폴리머의 규제 여부를 둘러싼 논의에 진전을 이루지 못했다. 이에 대해 일부 산유국들은 생산 제한에 반대하며, 재활용과 재사용에 중점을 둔 폐기물 관리를 강조하였다. 그러나 환경단체와 일부 국가들은 강력한 법적 구속력을 가진 국제 협약의 필요성을 주장하고 플라스틱 순환경제 구축과 함께 생산량 감축을 포함한 종합적인 접근 방식을 지지하고 있다. 한국은 생산 감축보다는 화학적 재활용과 생분해성 플라스틱 개발 같은 폐기물 관리 중심의 해결책을 선호하는 입장을 보이며 이와 관련된 사전 의견서를 UNEP에 제출하기

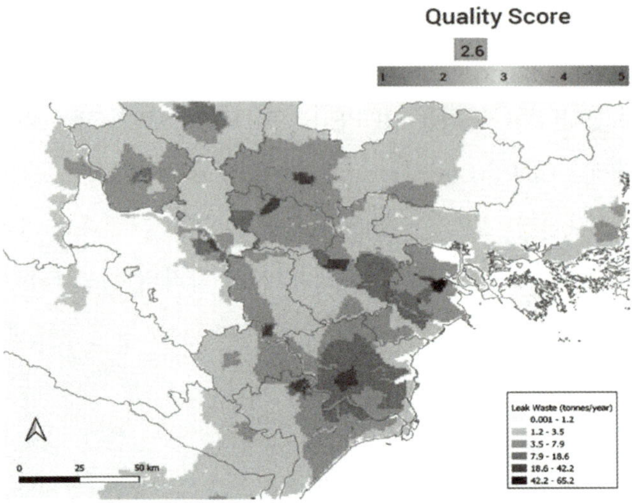

그림 5.2 Example of regional hotspots visualization

도 했다. 이러한 글로벌 협의 과정은 2024년 말까지 지속되어 제5차 정부간협상위원회(INC−5)에서 최종결론을 내릴 예정이다.

4 플라스틱을 위한 전략

국내 기업이 플라스틱 오염과 관련하여 진행하는 활동의 대부분은 해안가 플로깅(Plogging)이다. SK지오센트릭의 그린비즈 추진 사업단이 하나의 예이다. 플로깅이란 임직원들이 자발적으로 뭉쳐 바닷가 근처를 조깅하면서 쓰레기를 줍는 활동이다. 이처럼 국내 기업은 플라스틱을 수거하는 것에 집중하는 모습을 보인다. 하지만 일부 기업들은 수거 이상의 활동들을 진행한다. 수거한 플라스틱을 어떻게 재활용할지 고민하거나 조금 더 나아가 플라스틱 폐기물 발생을 예방할 수 있는 방안을 연구한다.

그렇다면 우리 기업이 플라스틱에 대응하기 위해 펼쳐야 하는 전략에는 무엇이 있을까. 첫 번째는 'Less-Packaging', 포장재를 적게 쓰는 전략이다. 이 방법은 현재 우리에게 익숙하다. 친환경 패키징을 통해 산업계는 포장재 부문에서 플라스틱의 사용을 줄이기 위해 노력한다. 패키징의 표준화, 경량화를 통해 유통망에서 발생하는 플라스틱 생산이나 소비를 줄이는 것이다. 페트병의 경우 불필요한 뚜껑을 없애거나 병의 몸체 혹은 뚜껑에 있는 비닐을 없애는 것도 이 전략에 포함된다. 두 번째는 'Virgin Material'을 쓰지 않는 전략이다. Virgin Material이란 쉽게 말해 새롭게 만들어진 원료를 뜻한다. 소비자들이 사용하고 버린 플라스틱을 재이용하는 방법이다. 유니레버(Unilever)는 2026년까지 Virgin Plastic 사용량을 30%, 2028년까지 40%를 감축하고 2025년까지 전체 포장재의 25%를 재활용 플라스틱으로 대체한다고 발표했다. 코카콜라(Coca-Cola)의 경우 2025년까지 100% 재활용이 가능한 포장재를 사용하고 2030년까지 전체 포장재의 50%를 재활용 물질로 활용할 계획이다. 또 다른 방법으로 파타고니아(Patagonia)와 바스프(BASF)는 플라스틱을 화학적으로 재활용한다. 플라스틱을 산소가 없는 조건에서 열분해하여 고체, 액체, 기체를 생산한다. 이때 나오는 기체는 바이오가스로 난방용으로 사용가능하며 액체는 수송용 바이오연료로 사용한다. 고체는 탄소 네거티브를 위한 고품질의 바이오 차로 재탄생한다. 바이오가스를 많이 생산하기 위해서는 'Gasification'을, 바이오연료를 위해서는 'Pyrolysis' 열분해 기술을 사용한다. 상대적으로 낮은 온도에서 열분해가 일어나면 고체가 많이 만들어진다. 목표로 하는 형태에 따라 각기 다른 기술을 적용할 수 있다. 마지막 전략은 'One Material'이다. 플라스틱 물병의 경우 뚜껑은 PP(Polypropylene, 폴리프로필렌), 라벨은 PP 혹은

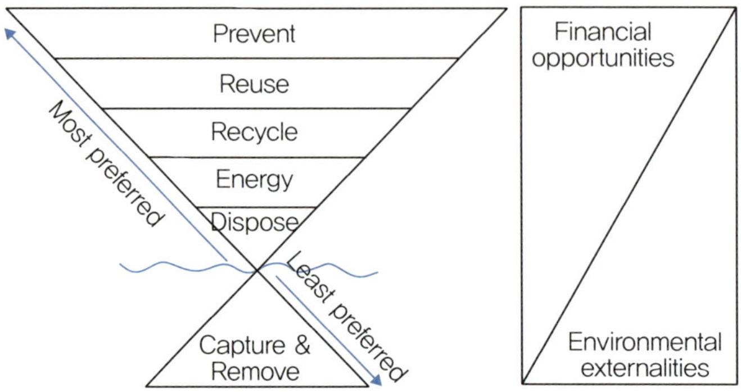

그림 5.3 Waste hierarchy (modified from European Parliament and Council, 2008).

PE(Polyethylene, 폴리에틸렌), 몸체는 PET로 구성되어 있다. 공정을 바꿔서 한 가지의 소재로 전체 물병을 만든다면 해체 작업의 필요가 없어져 재이용이 쉬워진다. 아직 국내에서는 이 전략이 큰 규모로 상용화되기에는 어려움이 있다. 한편, 해외에서는 'Flexible Packaging'이라는 개념이 등장했다. 편의점 비닐봉지는 맥주를 들고 집에 오는 잠깐 동안만 찢어지지 않으면 된다. 포장재를 완벽히 튼튼한 상품으로 생산하지 않아도 된다는 것이 핵심이다.

이제 ESG 측면에서 산업계는 플라스틱을 폐기물로 생각하지 말고 재사용이 가능한, 즉 재생 가능한 자원으로 인식해야 한다. 바이오플라스틱과 같은 친환경 원료로 대체하거나 포장 경량화를 통해 플라스틱 사용을 줄이고, 리필용기 혹은 다회용기의 사용을 활성화하며, 플라스틱의 재활용 용이성을 확대하고 재활용한 플라스틱으로 제품을 생산하여 플라스틱의 순환 사이클을 만드는 것을 목표로 해야 한다.

기업이 플라스틱과 관련된 전략을 수립할 때 참고해야 할 플라스틱 구조(Hierarchy)가 있다.

플라스틱을 수거하는 것은 하이어라키상 최하단에 있다. 가장 바람직한 방법은 아니라는 뜻이다. 최상단에 있는 방법은 예방하는 것, 즉, 플라스틱이 발생하지 않도록 예방하는 기술이다. 삼성전자에서 미세 플라스틱이 발생하지 않는 세탁기를 개발하는 것과 GS칼텍스에서 하수관거에 필터를 넣어 플라스틱이 바다로 흘러 들어가지 않게끔 하는 기술 등이 예가 될 수 있다. 플라스틱을 재활용하거나 열분해를 통해 에너지 혹은 연료로 재이용하는 것도 하이어라키 상단의 예방하는 것보다 아래에 위치한다. 하지만 현재 플라스틱과 관련된 스타트업을 조사해 보면 대부분이 플라스틱을 효율적으로 수거하거나 재활용하는 데에 초점이 맞춰져 있다. 소위 'Prevention-Tech'에 더 많은 정책적, 재정적 지원이 필요한 상황이다.

Q1 농업에서는 미생물을 통해 토양의 질을 바꾸고 있다고 알고 있습니다. 토양 속에서 플라스틱 분해를 빠르게 하기 위해 미생물을 사용할 수도 있지 않을까요?

A 충분히 가능한 얘기입니다. 플라스틱이 오염물질로서 토양의 마이크로바이옴에 주는 영향에 대한 연구가 현재 시작 단계에 있습니다. 토양의 마이크로바이옴이 건강한 상태일 때, 토양은 살아있는 동적 자연체로서 많은 오염물질을 훨씬 더 효율적으로 빠르게 분해할 가능성이 있습니다. 이는 사람의 경우에도 마찬가지입니다. 건강한 상태일 때 병원균에 노출되더라도 빠르게 회복할 수 있는 것처럼, 미세 플라스틱이 유입되었을 때도 건전한 토양은 그렇지 않은 토양보다 안전하게 이용할 수 있을 가능성에 대해 현재 활발히 연구가 진행되고 있습니다.

Q2 탄소를 포집하고 저장하는 기술에 대해서 더 알려주세요.

A CCUS라는 기술은 이미 다 잘 알고 계실 것 같아요. CCU는 탄소를 포집해서 이용하는 것이고 CCS는 탄소를 포집해서 저장하는 것이죠. 이 둘을 통칭해서 CCUS라고 합니다. 이것 외에 DAC, Direct Air Capture라는 기술이 있습니다. 가장 미래 기술, 혁신 기술이라고 기대받으면서 미국에서 활발히 연구되고 있는 기술입니다. 큰 구조물 안의 특수 필터를 통해서 공기 중에 있는 이산화탄소를 직접적으로 걸러 포집하는 방식입니다. 상용화 단계는 아니지만 미국에서는 이 기술을 정책적으로 많이 지원해 주고 있습니다. 바이오 차 기술에서는 바이오매스나 폐자원을 열분해하거나 가스화하는 등 특수 공정이 도입됩니다. 바이오매스가 토양에서 유기물로 분해되는 시간에 비해 아주 짧은 시간에 연료와 가스가 생산될 수 있습니다. 추가로 생산되는 고품질의 유기물을 토양에 묻어 저장할 수 있고 그만큼의 탄소를 자발적 배출권 거래제 플랫폼을 통해 매매가 가능합니다. 국내 여러 대기업에서 이 사업을 검토 중이며 정부에서도 바이오 차 추진 사업단을 운영하고 있습니다. 토양에 탄소를 저장하는 기술은 오랜 기간 생태학자들이 연구해 왔고 현재는 공학자들이 더 효율적인 방법을 찾고 있습니다.

Q3 최근 정부는 플라스틱 빨대 사용에 대한 규제를 철회했습니다. 교수님께서 보시기에 종이 빨대를 쓰는 것이 플라스틱의 사용을 줄이고 실질적으로 환경에 미치는 것에 영향이 있다고 생각하시나요?

A 부적절하게 만든 종이 빨대로 인해서 기존의 플라스틱이 가졌던 문제가 해결되지 않을 수도 있습니다. 제대로 만든 종이 빨대라고 하더라도 제도가 어떻게 시행되는지에 따라 그 결과가 다를 수 있습니다. 선형 경제에서 순환 경제로 전환할 때는 정부가 가장 중요한 역할을 맡습니다. 소비자와 기업이 바뀐 제도에 잘 참여하고 적응할 수 있도록 독려하는 것이 정부의 역할입니다. 초창기에는 인센티브와 같은 강한 드라이브가 필요하죠. 예를 들어, 스타벅스와 같은 대형 매장은 상대적으로 쉽게 종이 빨대로의 전환이 가능하지만 작은 규모의 매장에서는 인센티브 없이는 어렵습니다. 소비자의 관점에서는 소비 패턴에 따라 영향이 달라질 수 있습니다. 일회용 컵과 텀블러를 비교했을 때 텀블러를 일정 횟수 이상 사용해야 환경에 더 좋은 영향을 끼칩니다. 텀블러를 자주 바꾼다면 차라리 일회용 컵을 쓰는 것이 더 친환경적인 것이죠. 소비 패턴 시나리오에 따른 현장 실험을 많이 한다고 하더라도 그 결과는 불확실성이 아주 큽니다. 하지만 정책을 수립할 때 이런 테스트를 충분히 거치지 않는 경우가 종종 있습니다.

CHAPTER

6

생물다양성 보전 활동 평가

1. 생물다양성 보전 활동 평가 방법론
2. 글로벌 생물다양성 보전 활동 평가
3. Nature Positive by 2030
4. 국내 기업 현황 분석

Preview & Keywords

1. 생물다양성 보전 활동 평가 방법론
2. 국내 기업 현황 분석
3. Nature Positive by 2030

1 생물다양성 보전 활동 평가 방법론

오늘날 기업은 기후변화 대응과 마찬가지로 생물다양성 경영에 대한 국내외 ESG평가사들의 평가에 적극 대응해야 한다. 기업 실무자의 경우 우리 기업이 국내외의 어떤 평가사에 의해 어떤 지표를 중심으로 평가받을지를 미리 준비해 보는 것도 하나의 좋은 방법이다. 필자들도 그러한 생각에서 가장 보편적이고 타당한 지표를 활용하여 시가총액 기준 국내 200대 기업의 5년간 생물다양성 활동을 평가하고 등급을 산정하였다.

(1) 평가 대상 기업 홈페이지의 지속가능경영보고서 확인

생물다양성 보전 활동을 평가하기 위한 첫걸음은 해당 기업의 지속가능경영보고서를 홈페이지나 KRX(한국거래소) 홈페이지 등에서 확보하는 것이다. 〈그림 6.1〉은 아모레퍼시픽 홈페이지에 있는 지속가능경영보고서의 예이다. 기업마다 지속가능경영보고서를 부르는 이름이 조금씩 다르다는 것을 염두에 두면 좋다.

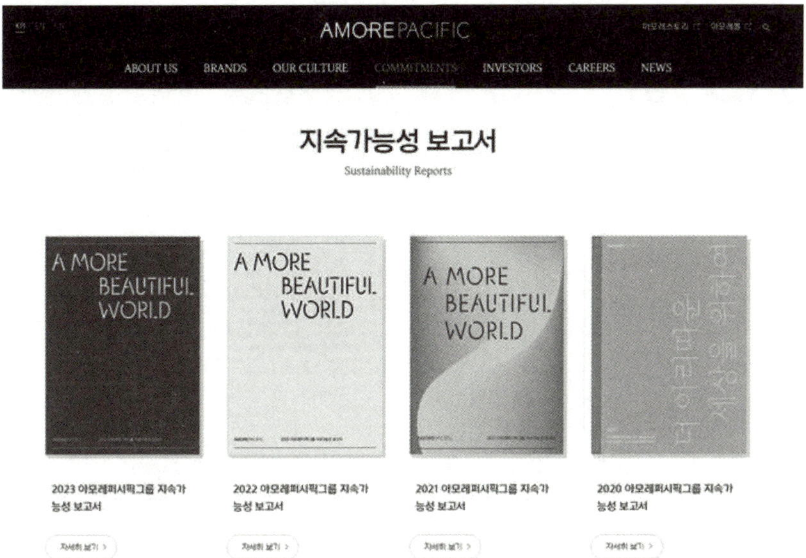

그림 6.1 아모레퍼시픽 지속가능성 보고서 홈페이지(2024)
(자료: https://www.apgroup.com)

(2) 지속가능경영보고서의 생물다양성 보고 범위 확인

기업 평가를 위한 자료수집 단계에서는 보고서의 발간 시점을 확인하고 이를 통일하는 것이 중요하다. 대부분의 경우 지속가능경영보고서 초반부 혹은 후반부에 보고 기간이 명시되어 있다. 예를 들어 보고서의 제목이 〈2023 지속가능경영보고서〉일 때 기업마다 '2023년'이 보고 기간인지 발간 연도인지 확인해야 한다. 즉, 2022년에 발생한 일을 정리하여 2023년에 발간했다는 뜻일 수도 있고 2023년에 발생한 일이 담겨 있는 보고서라는 뜻일 수도 있다. 키워드로 '보고 범위', '1월 1일' 등을 활용하면 검색하기가 용이하다.

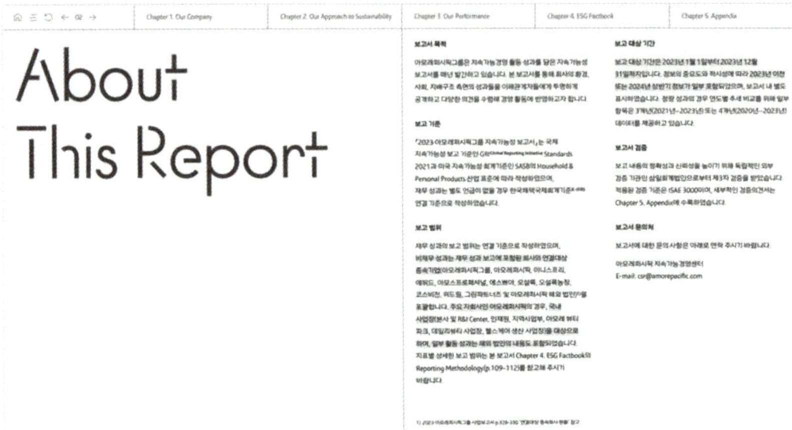

그림 6.2 2024 아모레퍼시픽 지속가능경영보고서 About This Report (2024)
(자료: https://www.apgroup.com)

(3) 지속가능경영보고서 GRI Index 및 GRI 304 활용 여부 확인

지속가능경영보고서에는 GRI Index가 포함되어 있는지를 명기한 부분이 있다. 해당 페이지로 가서 생물다양성과 관련된 기준 중 GRI 304가 명시되어 있는지를 확인한다. 명시된 경우에는 GRI 304의 지침에 따라 생태계 보호, 생물종 보호 및 서식지 보호와 관련된 부분이 보고서의 어떤 부분(몇 페이지)에 나와 있는지가 표기되어 있어야 한다(〈그림 6.3〉 참조). 확인이 어려운 경우 키워드로 'GRI', '304', '생물다양성', '생물 다양성' 등을 활용하여 검색할 수 있다.

(4) 키워드 검색을 통한 생물다양성 언급 유무 확인

지속가능경영보고서에서 '생물다양성', '생물 다양성', 'Biodiversity', '생태계 다양성' 등의 키워드를 검색하여 기업이 실천한 생물다양성 보전 활동을 찾을 수 있다. 보고서 전문을 상세히 검토했을 때 '생물다양

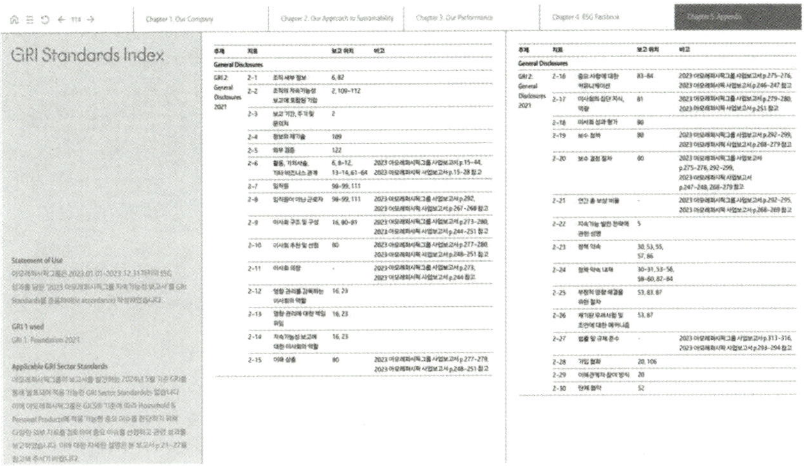

그림 6.3 2024 아모레퍼시픽 지속가능경영보고서 GRI Standards Index(2024)
(자료: https://www.apgroup.com)

성'이라는 단어를 언급하고도 실제로는 어떤 활동도 하지 않은 기업도 상당수 있기 때문에 이 단계에서는 평가자의 정성적인 평가가 특히 중요하다. 이를 위해서는 관련 전공 지식이 있거나 해당 교육을 받은 사람이 직접 보고서를 읽으면서 기업이 생물다양성 보전 활동을 실제로 수행했는지 혹은 단어만 사용했는지 등을 판단해야 한다. 기업이 실제로 생물다양성 보전 활동을 수행한 경우에는 해당 활동에 대해 COP15를 기반으로 기업의 활동에 대한 정도 평가를 수행하는 작업이 필요하다. 이때 복수의 평가자가 정성평가를 수행하여 평가 결과를 상호 비교하면서, 평가의 신뢰도 및 정확도를 확보해야 한다.

그림 6.4 아모레퍼시픽 환경성과(2022)
(자료: https://www.apgroup.com)

(5) 평가 기준을 바탕으로 등급 평가 진행

지금까지의 기준을 바탕으로 〈그림 6.5〉와 같은 순으로 최종 등급을 산출한다.

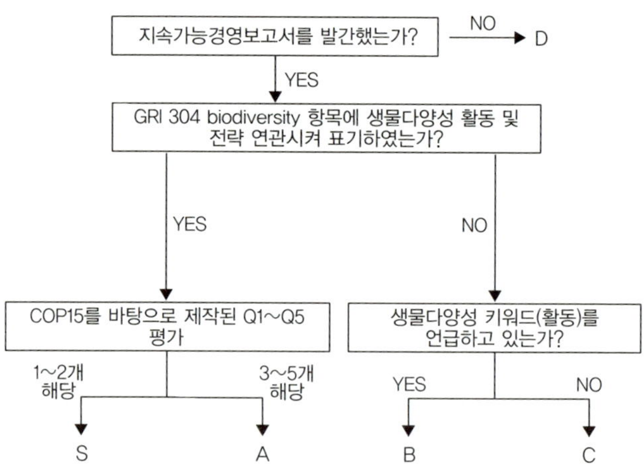

그림 6.5 기업의 생물다양성 평가 방법론
(자료: 국제ESG협회, 2022)

〈그림 6.6〉은 위 과정을 거쳐 나온 평가 결과를 기업 이름의 알파벳 순서로 정렬한 것이다.

CATEGORY	CORPORATIONS (in alphabetical order)
S	Amorepacific, Amorepacific Group, Hyundai E&C, KEPCO, KT&G, LG Household & Health Care, POSCO Holdings, POSCO International
A	Asiana Airline, CJ Logistics, Daewoo E&C, Doosan Enerbility, Hana Financial Group, Hanmi Pharmaceutical, Hanwha, Hanwha Solutions, Hanwha Systems, HMM, Hyundai Autoever, Hyundai Rotem, Hyundai Steel, Kangwon Land, KOGAS, KPIC, LX International, Pan Ocean, Samsung C&T, Samsung Electro-Mechanics, Samsung Electronics, Samsung Engineering, Samsung Heavy Industries, SK Gas, S-OIL, Woori Financial Group
B	BGF Retail, CJ Cheiljedang, Coway, Deawoo Shipbuilding & Marine Engineering, DL E&C, Doosan, Doosan Fuel Cell, Emart, GC, GS Retail, Hanwha Life Insurance, HD Hyundai Infracore, HD Korea Shipbuilding & Offshore Engineering, HL Mando, Hysung Advanced Materials, Hyundai Department Store, Hyundai Glovis, Hyundai Mobis, Hyundai Motor, Hyundai WIA, Industrial Bank of Korea, Kakao, KB Financial Group, KCC, Kia, Kolon Industries, Korea Zinc, Korea Air, Kumho Petrochemical, LG, LG Chem, LG Uplus, LOTTE, LOTTE Chilsung, LOTTE Fine Chemical, Mirae Asset Securities, POSCO Future M, Samsung Biologics, Shinhan Financial Group, SK, SK Bioscience, SK Hynix, SK Ie Technology, SK Innovation, SK Telecom
C	BNK Financial CHEIL Worldwide, CJ, DB HiTek, DB Insurance, DGB Financial Group, Dongkuk Steel, Dongwon Industries, Dongwon Systems, Doosan Bobcat, F&F, F&F Holdings, FILA Holdings, GS, GS E&C, Hanatour, Hankook Tire & Technology, Hanon Systems, Hanssem, Hanwha Aerospace, HD Hyundai Construction Equipment, HD Hyundai Electric, HITEJINRO, Hyundai Marine & Fire Insurance, ILJIN Hysolus, JB Financial Group, KakaoBank, KEPCO E&C, KEPCO E&C, KEPCO KPS, Korea Investment Holdings, KT, LG Display, LG Electronics, LG Energy Solution, LG Innotek, LOTTE Chemical, LOTTE Rental, LOTTE Shopping, Lotte Wellfood, LS Electric, LX Semicon, Meritz Securities, NAVER, NCSOFT, Netmarble, NH Investment & Securities, Nongshim, OCL, S-1, Samsung Card, Samsung Fire & Marine Insurance, Samsung Life Insurance, Samsung SDI, Samsung Securities, Shinsegae, SK Biopharmaceuticals, SK Chemicals, SK Networks, SKC, SL, Ssanyong C&E, Taihan Cable & Solutjion, Yuhan

D	Celltrion, Chong Kun Dang, Cosmo Advanced Materials & Technology, CS WIND, Daesung Holdings, Daewoong, Daewoong Pharmaceuticals, Dentium, DL, Dongsuh, DOUZONE, Foosung, GKL, Hanjin KAL, Hankook & Company, Hanmi Science, Hanmi Seniconductor, Hansol Chemical, HD Hyundai, HD Hyundai Heavy Industries, Hotel Shilla, HYBE, Hyosung, TNC, Hyundai Elevator, Hyundai Mipo Dackyard, ILJIN Materials, JejuAir, KakaoPay, KG Mobility, Kiwoom Securities, Kolmar Korea, Korea Aerospace Industries, Korea Re, KRAFTON, Kumyang, LIG Nex 1, LOTTE Reit, Lotte Tour, LS, Macquarie Korea Infrastructure Fund, Meritz Financial Group, Meritz Fire & Marine Incurance, Orion, Orion Holdings, Ottogi, Poongsan, Samchully, Sansung SDS, Samyang Foods, SD Biosensor, Seoul city Gas, Shin Poong Pharm, SK Reit, SK Square, Solus Advanced Materials, Youngone, Youngpoong

그림 6.6 기업의 생물다양성 평가 결과
(자료: 국제ESG협회, 2022)

데이터베이스(평가 실습) 원본에 대한 부연 설명

본 논문에서 연구한 데이터베이스에는 위의 방법을 토대로 시가총액 기준 국내 200대 기업의 5년간 지속가능경영보고서를 분석한 결과가 담겨있다. 본 데이터베이스는 배포용으로 제작되지는 않았지만, 평가방법의 예를 제시하는 측면에서 공개함을 밝히며 지속적으로 보완 및 업데이트를 하고 있음을 밝힌다. 해당 파일은 200개 기업이 발간한 지속가능경영보고서 1,000여 개(5년 치 200개 기업의 보고서)를 분석한 결과이다. 보고서에는 1,000개가 넘는 열이 포함되어 있어 방대한 내용을 다루고 있으므로, 적절한 키워드 검색과 필터를 활용할 것을 권장한다. 200대 기업은 우선 금융, 부동산, 정보기술, 필수소비재, 헬스케어, 커뮤니케이션 서비스 등 GICS(세계산업분류기준)의 분류 기준에 맞추어 산업별로 분류하였다. 그 아래에 산업군이 다시 한번 나눠진다. 예를 들어, 정보기술 아래에는 하드웨어 및 IT, 반도체, 엔터테인먼트 등으로 분류된다. 보고 기준은 2017년부터 2021년까지 업데이트가 되어있다.

다음에는 각 기업이 국제 표준에 맞추어 지속가능경영보고서를 작성했는지에 대한 정보가 나와 있다. 일례로 삼성전자의 경우 5년 모두 GRI 기준을 따랐으며 SASB는 2019년부터, TCFD는 2018년부터 적용했음을 알 수 있다. 그 외 생물다양성에 대한 내용도 있는데 삼성전자는 2017년까지는 생물다양성이라는 키워드를 언급하지 않았으나 2018년부터는 지속가능경영보고서 GRI Index에서 304에 대한 항목과 관련 페이지가 명시되어 있는 것을 확인할 수 있다. 추가적으로 각 기업이 중대성 평가를 통해 생물다양성을 자사의 주요 ESG 이슈로 인식하고 관리하고 있는지를 분석하였다. 생물다양성 활동을 평가할 때 가장 중요한 것은 COP15의 목표에 부합하는지이며 이는 COP15의 A, B, C, D 총 네 가지의 목표를 참조하면 된다(〈그림 6.7〉~〈그림 6.10〉 참조). 지속가능경영보고서에 나타나 있는 생물다양성 활동들을 읽고 COP15 목표와 부합하는지 확인한다.

GOAL A

The integrity, connectivity and resilience of all ecosystems are maintained, enhanced, or restored, substantially increasing the area of natural ecosystems by 2050.
Human-induced extinction of known threatened species is halted, and, by 2050, the extinction rate and risk of all species are reduced tenfold, and the abundance of native wild species is increased to healthy and resilient levels.
The genetic diversity within populations of wild and domesticated species, is maintained, safeguarding their adaptive potential.

그림 6.7 COP15 GOAL A(COP 15, 2022)

GOAL B

Biodiversity is sustainably used and managed and nature's contributions to people, including ecosystem functions and services, are valued, maintained and enhanced, with those currently in decline being restored, supporting the achievement of sustainable development, for the benefit of present and future generations by 2050.

그림 6.8 COP15 GOAL B(COP 15, 2022)

GOAL C

The monetary and non-monetary benefits from the utilization of genetic resources, and digital sequence information on genetic resources, and of traditional knowledge associated with genetic resources, as applicable, are shared fairly and equitably, including, as appropriate with indigenous people and local communities, and substantially increased by 2050, while ensuring traditional knowledge associated with genetic resources is appropriately protected, thereby contributing to the conservation and sustainable use of biodiversity, in accordance with internationally agreed access and benefit-sharing instruments.

그림 6.9 COP15 GOAL C(COP 15, 2022)

GOAL D

Adequate means of implementation, including financial resources, capacity-building, technical and scientific cooperation, and access to transfer of technology to fully implement the Kunming-Montreal global biodiversity framework are secured and equitably accessible to all Parties, especially developing countries, in particular the least developed countries and small island developing States, as well as countries with economies in trasition, progressively closing the biodiversity finance gap of $700 billion per year, and aligning financial flows with the Kunming-Montreal Global Biodiversity Framework and the 2050 Vision for Biodiversity.

그림 6.10 COP15 GOAL D(COP 15, 2022)

2 글로벌 생물다양성 보전 활동 평가

해외에서는 이미 위와 같은 방법론을 적용하여 글로벌 기업의 생물다양성 보전 활동 평가를 진행하고 있다. 생물다양성에 대한 서약(commitment) 여부, 지속가능경영보고서에서의 생물다양성 언급 여부, 단순 언급을 넘어 가치사슬(Value Chain) 전반에서의 실천 여부, 향후 전략 계획, 그리고 생물다양성과 기후변화를 연계한 실천 또는 활동 계획 여부 등의 기준을 적용하였다. 해당 사례에는 국내 기업 중 현대자동차가 포함되어 있으나 좋지 않은 평가를 받은 것을 확인할 수 있었다. 즉, 현대자동차는 매우 많은 보전 활동을 하고는 있으나 모든 생물다양성 보전 활동이 단순 CSR 수준의 활동으로 평가받았고 생물다양성과 기후변화를 연계하지 못한 기업으로 평가받았다. 또한 마이크로소프트(Microsoft)를 포함한 리딩 기업이 가치사슬 전반에 걸쳐 생물다양성 보전을 위해 노력하고 있는 것과 달리 현대자동차의 경우 사업장에 국한하여 생물다양성을 실천하는 것으로 평가받았다. 이러한 결과를 통해 글로벌 기관의 생물다양성 평가에 대해서 국내 기업들의 대응이 시급하다는 것을 유추할 수 있다.

3 Nature Positive by 2030

'Nature Positive'는 최근 들어 부각된 용어로 전 세계가 함께 환경문제를 새로운 관점에서 접근하는 이니셔티브이다. 현재 이 지구의 기후변화, 환경 오염 등의 여러 문제가 네이처 네거티브로 향하고 있다고 판단하고, 본 이니셔티브를 통해 네이처 포지티브로 올라가게 하자는 새로운 시도이다. 2030년을 네이처 네거티브에서 네이처 포지티브로 전환하고, 완전한 회복(Full Recovery)의 절반을 달성하는 목표 시점으로 설정하였다. 이어 2050년까지 완전한 회복을 최종 목표로 하여, 자연환경이 스스로 회복력을 갖추고 생물다양성을 2020년 대비가장 이상적인 수준으로 유지할 수 있는 상태를 구축하는 것을 목표로 한다. 이

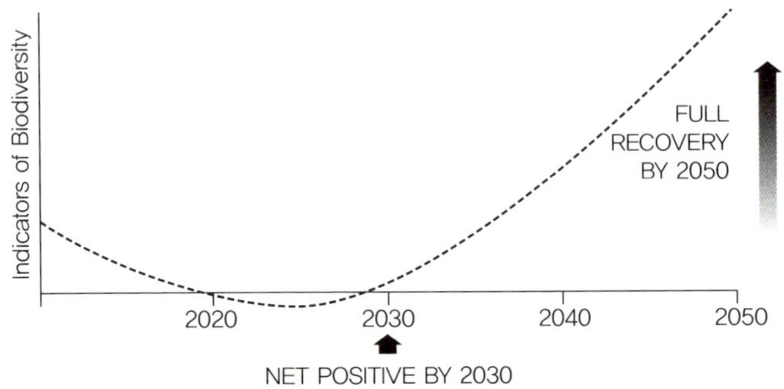

그림 6.11 Nature Positive by 2030(Nature Positive, 2024)

런 자연환경 전반의 아주 큰 움직임을 유도하려는 노력은 환경과 생태학뿐만 아니라 경영, 특히 ESG 경영의 관점에서도 이뤄지고 있다. 그 중 눈에 띄는 움직임이 TNFD(Taskforce on Nature-related Financial Disclosure, 자연 관련 재무정보공개 협의체)다. TNFD는 기업이 자연(또는 자연 자본)과 관련된 위험과 이익을 잘 관리할 수 있도록 가이드라인을 제시하고 있으며, 기존의 다른 공시 기준보다 좀 더 체계적으로 자연과의 상호 작용에 대해서 전반적으로 다루고 있다. 기후변화 문제를 장맛비로 본다면, 생물다양성 문제는 아직 모습을 드러내지도 않은 거대한 태풍과 같은 존재라고 표현할 수 있다. 그만큼 자연 자본 관리, 생물다양성 보전에 대한 공시를 대비하려면 이전의 다른 환경 이슈보다 더 체계적인 접근이 필요하다.

4 국내 기업 현황 분석

국내 기업의 현황 분석은 각 기업이 발간하는 지속가능경영보고서를 대상으로 한다. ESG 경영에 있어서 투자자, 임직원, 소비자를 포함한다양한 이해관계자에게 공개되는 가장 공식적이고 신뢰성 높은 정보가 담겨 있는 것이 지속가능경영보고서이기 때문이다. 최근 5년간 국내 기업이 발간한 지속가능경영보고서를 기반으로 ESG 성과를 모두 조사했다. 발간 추이를 보면, 5년 전에는 36%의 기업만이 지속가능경영보고서를 발간했지만 2022년에는 2배 이상인 73%의 기업이 발간한 것을 확인할 수 있다. ESG 경영과 지속가능성에 대한 국내 기업의 관심과 중요도가 증가하면서 지사의 ESG 경영에 대한 자발적인 보고가 증가하고 있는 상황이기 때문에, 이러한 추세는 앞으로도 유지될 것이다.

앞서서 보았듯 필자는 연구진들과 함께 매년 발표되는 ESG 성과에 대해서 생물다양성 보전과 네이처 포지티브 이행에 대한 이해와 대응을 세 가지 기준으로 분석했다. 첫 번째는 언급 유무이다. 보고서 내에 '생물다양성' 키워드 언급 유무를 조사했고, 이때 언급은 단순한 단어의 사용부터 큰 챕터로 다뤄지는 내용까지 다양한 형태를 모두 포함하고 있다. 두 번째는 중대성 평가의 선정 여부이다. 거의 모든 보고서에 담고 있는 중대성 평가 결과에서 생물다양성 보전이 중대 이슈에 포함이 되는지, 그 중요성이 매년 어떻게 달라지는지를 확인했다. 세 번째는 GRI에서 제시하는 생물다양성에 대한 공시(GRI 304)에 부합하는 보고가 있는지를 분류했다. 지속가능경영보고서는 가장 기본적으로 GRI 기준에 맞춰 활동과 성과를 담기 때문에 여기서 제시하는 생물다양성에 관한 기준에 대응해 왔는지를 확인했다. 전체 5년간 총 200대 기업의 모든 데이터를 수집하는 데에는 수개월의 시간이 걸렸고, 그 기간에 약 150명의 전문인력과 함께 진행했다.

분석을 마친 결과, 5년간 지속가능경영보고서의 발간에 따라 생물다양성에 대한 기업의 인식과 보고 빈도는 지속적으로 증가했으며, 특히

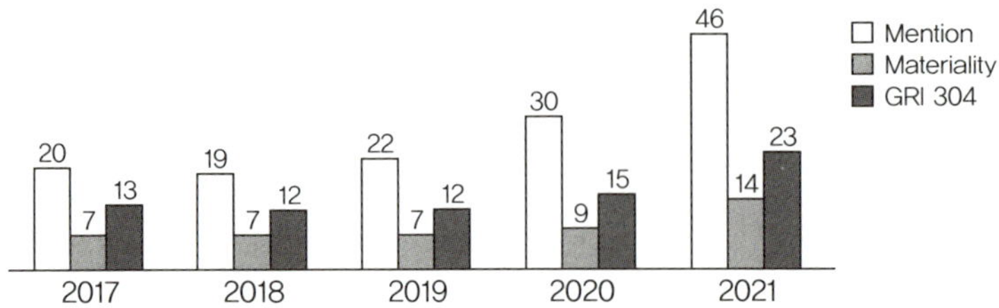

그림 6.12 The occurrence of biodiversity conservation in corporate performances in Korea

(자료: Cho, Y. et al. (2024). Biodiversity conservation activities for nature-positive goals: Cases of Korean companies. Sustainable Environment, 10(1). doi: 10.1080/27658511.2024.2426832.)

2021년을 기점으로 급격한 증가세가 확인되었다. 전체 72%의 기업이 ESG 경영에 대한 보고서를 발간한 2021년의 경우, 약 3분의 2 정도의 보고서에서 '생물다양성' 언급이 있었고 단순히 키워드만 언급한 경우도 포함되어 있음을 고려할 때, 30% 이상의 기업 보고서에서는 생물다양성의 개념을 찾기 힘들었다. 또한 이 키워드를 단순히 언급만 한 보고서와 GRI 기준에 맞춘 활동 보고를 한 기업들이 매년 큰 간극을 보이고, 특히 2021년 결과의 경우, 거의 절반 정도 차이가 발생했다. 이는 훨씬 많은 기업이 생물다양성에 대해 인지하고 있고, 성과에 포함하고 있지만, 공시 기준에 부합할 정도로 자세하고 체계적인 보고로 이어지기에는 어려움이 존재한다고 볼 수 있다. 따라서 생물다양성 보전의 경우 문제 인식에 비해 그에 따른 대응이 아직은 원활하게 이어지지 않고 있음을 파악할 수 있다.

대한민국 200대 기업의 생물다양성에 대한 인식 및 관련 보고에 대한 추이를 분석함과 더불어 각 활동과 전략이 지속가능한 방향으로 실제 생물다양성 보전에 기여하고 있는지를 두 가지 관점에서 정량적·정성적

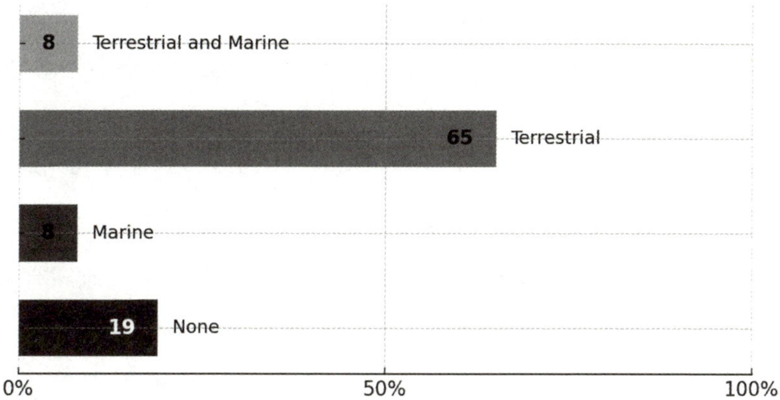

그림 6.13 Distribution of focused ecosystems
(자료: Cho, Y. et al. (2024) 'Biodiversity conservation activities for nature-positive goals: Cases of Korean companies', Sustainable Environment, 10(1). doi: 10.1080/27658511.2024.2426832.)

으로 평가했다.

먼저 UN Biodiversity Conference에서 제시하는 COP15, 생물다양성 관련 협의안을 기반으로 한 평가다. COP15 협의안은 생물다양성 보전의 최종 목표인 2050년까지의 비전과 이행 단계에서 달성해야 할 네 가지 목표를 기준으로 제시한다. COP15를 기반으로 한 방향성 설정에 부합하는 기업을 종합적으로 봤을 때, 다섯 가지 방향을 모두 만족하는 기업은 없었다. 조사 기업의 13%는 생물다양성 보전 방향에 대한 협의안 내용에 부합하는 사항이 전혀 없었다.

대다수의 기업이 적어도 한 가지 방향성만을 추구하고 있으며 특히 두 번째 목표에 집중되어 있다. 두 번째 목표에는 생태계 복원과 오염 관리, 멸종 위기종의 보호 등이 포함되어 있다. 기업이 실제 활동을 통해 대응하고 있는 생물다양성에 대한 내용은 전체 개념 중 일부에 편중되어 있다. 생물다양성 그 자체를 지키는 것만큼 다양성에 영향을 주는 요소를 안전하게 유지하고 체계적으로 이해하면서 모든 활동들을 균형 있게 추구해야 한다.

두 번째 관점은 이행하는 활동이 실질적으로 어떤 생태계를 타겟팅하고 있는지, 육상 또는 해양 생태계 중 어디에 기여하고 있는지다. 다양한 생물다양성 보전 활동이 시행 및 계획되고 있으며, 일부는 생태계 전반에 대한 내용이기도 하지만 기업과 기업의 전략에 따라 특정 생태계를 타킷으로 하는 활동이 이뤄지기도 한다. 하나의 기업에서 해양과 육상 생태계에 직접적인 영향을 주는 활동을 하고 있는 경우는 9%인 반면 자연 생태계에 변화를 주지 않는 관련 활동은 22%로 나타났다. 생물다양성의 개념을 다루지만, 실제로 환경과 생태계가 표적화되는 활동이 없는 경우를 포함한다. 육상 생태계에 대한 생물다양성 보전 활동과 해양 생태계에 대한 활동은 큰 차이를 보인다. 200대 기업이 주로 육상에서 사업을 영위하고 있으며 육상 생태계에서 이행할 수 있는 생물다양성 보전 활동이 좀 더 접근하기 쉽기 때문이다.

이상의 결과는 ESG를 주요 주제로 다루고 있는 국제전문학술지 Sustainable Environment에 게재되었다.

참고문헌

Air Company. (2024). https://www.aircompany.com/products/air-vodka/

Cho, Y., Lee, J., Senadheera, S. S., Chang, S. X., Rinklebe, J., Rhee, J. H., & Ok, Y. S. (2024). Biodiversity conservation activities for nature-positive goals: Cases of Korean companies. Sustainable Environment, 10(1), 2426832. https://doi.org/10.1080/27658511.2024.2426832.

Chopra, S. S., Senadheera, S. S., Dissanayake, P. D., Withana, P. A., Chib, R., Rhee, J. H., & Ok, Y. S. (2024). Navigating the Challenges of Environmental, Social, and Governance (ESG) Reporting: The Path to Broader Sustainable Development. Sustainability, 16(2), 606. https://doi.org/10.3390/su16020606.

Deloitte. (2024). "Investor trust in sustainability data." Deloitte Development LLC.

Ben Clarke et al. (2022). Environ. Res.: Climate 1 012001, Extreme weather impacts of climate change: an attribution perspective.

Elsevier B.V. (2024). Korea University Experts Portal: https://pure.korea.ac.kr/en/persons/yong-sik-ok-2

Elsevier B.V. (2024). "Elsevier's Research Collaborations". https://researchcollaborations.elsevier.com/

Harvard Business School. (2024). "Business & Environment Annual Report 2023." Harvard Business School. https://www.hbs.edu/environment/Documents/BEI%20Annual%20Report%202023_240213_digital_1page.pdf

Judah&Tim. (2023). The long, dark shadow of Bhopal: still waiting for justice, four decades on. “The Guardian”.

Li, F., & Polychronopoulos, A. (2020). What a difference an ESG ratings provider makes! Research Affiliates.

Microsoft. (2022년 11월 22일). “EU Policy blog”. Microsoft Blog: https://blogs.microsoft.com/eupolicy/2022/11/22/biochar-net-zero/

Microsoft. (2024). “2024 Environmental Sustainability Report.” Microsoft.

RuiBao. (2022). Study on forest ecosystem damage assessment system and management system. Sustainable forestry.

Senadheera, S. S., Withana, P. A., Dissanayake, P. D., Sarkar, B., Chopra, S. S., Rhee, J. H., & Ok, Y. S. (2021). Scoring environment pillar in environmental, social, and governance (ESG) assessment. Sustainable Environment, 7(1), 1960097.

SAMSUNG SDI. (2024). “SAMSUNG SDI 지속가능경영보고서 2024.” SAMSUNG SDI.

Senadheera, S. S., Withana, P. A., Dissanayake, P. D., Sarkar, B., Chopra, S. S., Rhee, J. H., & Ok, Y. S. (2021). Scoring environment pillar in environmental, social, and governance (ESG) assessment. Sustainable Environment, 7(1), 1960097. https://doi.org/10.1080/27658511.2021.1960097.

Senadheera, S. S., Gregory, R., Rinklebe, J., Farrukh, M., Rhee, J. H., & Ok, Y. S. (2022). The development of research on environmental, social, and governance (ESG): A bibliometric analysis. Sustainable Environment, 8(1), 2125869. https://doi.org/10.1080/27658511.2022.2125869.

Senanayake, M., Harymawan, I., Dorfleitner, G., Lee, S., Rhee, J. H., & Ok, Y. S. (2024). Toward more nature-positive outcomes: A review of corporate disclosure and decision making on biodiversity. Sustainability, 16(18), 8110. https://doi.org/10.3390/su16188110.

SNE Research. (2024). “2023년 1~12월 글로벌[1] 전기차용 배터리 사용량

[2] 705.5GWh, 전년 동기 대비 38.6% 성장". SNE Research.
Sophus O.S.E. zu Ermgassen et al. (2022). Are corporate biodiversity commitments consistent with delivering 'nature-positive' outcomes? A review of 'nature-positive' definitions, company progress and challenges, Journal of Cleaner Production, Volume 379, Part 2, 134798, https://doi.org/10.1016/j.jclepro.2022.134798.
StephensonP.J., & CarboneG. (2021). "Nespresso and Biodiversity".
The Club Of Rome. (2024). "The Limits to Growth". The Club Of Rome: https://www.clubofrome.org/publications/
The SDGs and the UN Summit of the Future. (2024). "Sustainable Development Report 2024." The SDGs and the UN Summit of the Future.
UN SDGs. (2024). "THE 17 GOALS". UN Department of Economic and Social Affairs Sustainable Development: https://sdgs.un.org/goals
UNFCCC. (2022). "Greenhouse Gas (GHG) Emissions Calculator". https://unfccc.int/sites/default/files/resource/GHG_emissions_calculator_ver01.1_web.xlsx
World Economic Forum Global Risks. (2024). "World Economic Forum Global Risks". World Economic Forum.
WRI, WBCSD. (2021). "Corporate Value Chain (Scope 3) Accounting and Reporting Standard".
국무조정실. (2023). https://www.opm.go.kr/flexer/view.do?ftype=pdf&attachNo=133131
권성구, 한수호, 박준희, 조유라, 이재혁, & 옥용식. (2024). 국내 배터리 3사 (LG 에너지솔루션, 삼성 SDI, SK 온) 의 지속가능한 광물자원 확보 전략. 대한환경공학회지, 46(4), 142-155. https://doi.org/10.4491/KSEE.2024.46.4.142.
기후 행동100+. (2024). https://www.climateaction100.org/wp-content/

uploads/2024/05/Climate-Action-100-Progress-Update-2023_KR.pdf
김건희, 조유라, 이재혁, & 옥용식. (2024). 산림조성을 기반으로 한 기업의 생물다양성 보전 활동 분석: KT&G의 사례를 중심으로. 한국환경과학회지, 33(6), 345-353. https://doi.org/10.5322/JESI.2024.33.6.345.
김다은, & 김유신. (2023). "세계경제포럼(WEF) Global Risks 2023 주요내용 및 시사점". 과학기술정책센터.
김재호. (2020). "[브릭통신]'종간 거리두기', 생물다양성과 코로나19". 대덕넷: https://www.hellodd.com/news/articleView.html?idxno=71917
김채현, 조유라, 이재혁, & 옥용식. (2024). ESG 경영전략 기반 생물다양성 활동 충실성 분석: 포스코 그룹 사례. 대한환경공학회지, 46(6), 310-318. https://doi.org/10.4491/KSEE.2024.46.6.310.
더나은미래 & futurechosun.com. (2022). "[폐기물, 금맥이 되다] 빌 게이츠도 뛰어든 폐기물 시장". 조선미디어 더나은미래: https://www.futurechosun.com/archives/62862
동아일보. (2021). "텀블러 쓰고 플로깅"… 깐깐해진 친환경 소비, "동아일보", https://www.donga.com/news/Society/article/all/20210714/107941101/1
외교부. (2021). "외교부". https://www.mofa.go.kr/viewer/skin/doc.html?fn=20211223054417319.pdf&rs=/viewer/result/202408
이정기, 황건욱, 옥용식, & 이재혁. (2024). ESG 경영 실천전략: 애플(Apple)의 탄소중립 사례를 중심으로. 대한환경공학회지, 46(11), 740-751. https://doi.org/10.4491/KSEE.2024.46.11.740.
정책브리핑. (2015). "대한민국 정책브리핑". https://www.korea.kr/briefing/policyBriefingView.do?newsId=148797401
조선일보. (2020). 패션, 환경과 함께 갈 수 있을까. "조선일보", https://www.chosun.com/site/data/html_dir/2020/02/21/2020022100099.html
탄소흡수원 유지 및 증진에 관한 법률. (2024). "탄소흡수원 유지 및 증진에 관한 법률".

통계청. (2024). “국내총생산”. 지표누리: https://www.index.go.kr/unify/idx-info.do?idxCd=5001

한국경제인협회. (2024). “2023 K기업 ESG백서”. 한국경제인협회.

Brady, N.C. and Weil, R.R. (2010) Elements of the Nature and Properties of Soils. Pearson. pp.1-614.

한수호, 권성구, 박준희, 이정기, 이재혁, 성용준, 황성연 & 옥용식. (2023). 국내 소비재 기업의 지속 가능한 플라스틱 경영 전략 평가를 위한 지표 개발. 한국환경과학회지, 32(11), 745-756. https://doi.org/10.5322/JESI.2023.32.11.745.

Dasgupta, P. (2021). The economics of biodiversity: The Dasgupta review. https://assets.publishing.service.gov.uk/media/602e92b2e90e07660f807b47/The_Economics_of_Biodiversity_The_Dasgupta_Review_Full_Report.pdf

Microsoft. (2024). How can we advance sustainability? 2024 environmental sustainability report. https://cdn-dynmedia-1.microsoft.com/is/content/microsoftcorp/microsoft/msc/documents/presentations/CSR/Microsoft-2024-Environmental-Sustainability-Report.pdf#page=1

World Economic Forum. (2020a). The global risks report 2020 (15th ed.). https://www3.weforum.org/docs/WEF_Global_Risk_Report_2020.pdf

World Economic Forum. (2020b). Nature risk rising: Why the crisis engulfing nature matters for business and economy. https://www3.weforum.org/docs/WEF_New_Nature_Economy_Report_2020.pdf

국가생물다양성 정보공유체계. (2024). 국가생물다양성 정보공유체계. https://kbr.go.kr

관계부처 합동. (2023). 제5차 국가생물다양성전략(2024~2028년). 국가전략정책포털 NSP. https://nsp.nanet.go.kr/plan/subject/detail.do?nationalPlanControlNo=PLAN0000043550

ESG 비즈니스와 환경

저　　자　옥용식 · 이재혁 · 이승수
발 행 인　김지영
발 행 처　자유아카데미
주　　소　경기도 파주시 회동길 37-42
　　　　　파주출판도시
전　　화　031-955-1321
팩　　스　031-955-1322
홈페이지　www.freeaca.com
전자우편　main@freeaca.com (대표)
　　　　　editor@freeaca.com (편집)
　　　　　crm@freeaca.com (영업)
등　　록　제406-2003-017호, 1980. 7. 12
제1판1쇄　2025년 3월 5일 발행

ISBN 979-11-5808-653-4 93320